我和我的世界

威廉·福克纳传

Myself and the World

A BIOGRAPHY OF WILLIAM FAULKNER

［美］罗伯特·韦恩·韩布林　著

李方木　译

中国海洋大学出版社

·青岛·

图书在版编目（CIP）数据

我和我的世界：威廉·福克纳传／（美）罗伯特·
韦恩·韩布林著；李方木译 . -- 青岛：中国海洋大学
出版社，2020. 10（2022.7 重印）

书名原文：Myself and the World：A Biography of
William Faulkner

ISBN 978-7-5670-2546-2

Ⅰ. ①我… Ⅱ. ①罗… ②李… Ⅲ. ①福克纳
（Faulkner，William 1897-1962）—传记 Ⅳ.
① K837. 125. 6

中国版本图书馆 CIP 数据核字（2020）第 157752 号

出版发行	中国海洋大学出版社
社　　址	青岛市香港东路 23 号　　　邮政编码　266071
出 版 人	杨立敏
网　　址	http://pub.ouc.edu.cn/
电子信箱	1922305382@qq.com
订购电话	0532-82032573 （传真）
责任编辑	邵成军　　　　　　　. 电　话　0532-85902533
印　　制	日照日报印务中心
版　　次	2020 年 10 月第 1 版
印　　次	2022 年 7 月第 2 次印刷
成品尺寸	144 mm × 215 mm
印　　张	6
字　　数	135 千
印　　数	1001～2000
定　　价	45. 00 元

Myself and the World

A BIOGRAPHY OF WILLIAM FAULKNER

Robert W. Hamblin

Published by Agreement with University Press
of Mississippi, 3825 Ridgewood Road, Jackson, MS 39211

Website: www.upress.state.ms.us

　　威廉·福克纳不想写传记。他曾写信给著名的文学批评家马尔科姆·考利:"作为一个独立的人,我的意愿是将自己从历史中抹掉,除了印刷的书籍之外,不留下任何痕迹。我的目标是尽我最大的努力,把我一生的全部和过去,同样也是我的讣告和墓志铭,都写在这句话里:'他写了很多书,然后死去。'"

　　不过,在另一个偶然的场合,他向考利承认:"我一遍又一遍地讲述同一个故事,那就是我和我的世界。"在弗吉尼亚大学,他告诉一群学生:"任何作家,首先,要撰写他自己的传记,因为他已经发现了这个世界,然后突然发现这个世界足够重要或足够动人,或者悲惨到足以能够写在纸上,谱成曲子,要么干脆画成画,在那个当下他所知道的只有他的遭遇。"在同一个场合,福克纳接着强调,创造性想象力对艺术家成长和发展至关重要,但传记元素仍然是想象力建立的基础。

　　随着一系列传记的出版——第一部为约瑟夫·布罗特纳的《福克纳传》,现在我们知道福克纳是最具自传性的小说家之一。他的诗歌、小说和散文都植根于他的个人生活、家庭和家乡。

　　但是,仅仅考察这些外在的生活、历史事实和事件是不够的,还有内心深处的福克纳,他曾如此努力(尽管最终没有成功)地逃避这个世界(甚至会逃避自我)。福克纳在叙事角度上的诸多尝试表明,他的叙事既有客观现实,也有感知或主观现实。对于福克纳来说,这两种叙事

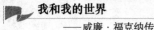
是至关重要的。在这本小书中，我试图公正地对待福克纳——无论是作为公众人物还是作为个人。

福克纳坚持认为我们应该关注他的书，而不是他的生活，这是正确的。但是，要阅读这些伟大的书籍，最好的准备工作就是对它们背后的生活和经历有个前期了解，无论是外在的还是内在的。

如果这本书能引导读者去阅读（并重读）福克纳的小说和故事，那么它就达到了预期的目的。

目　录

第一章
叱咤风云的老上校

比利·法克纳①对他的三年级同学说:"我要像曾祖父那样当个作家。"多年后,比利的弟弟杰克听到这个故事时并不感到惊讶,他认为比利很多方面都在模仿他鼎鼎大名的祖先威廉·克拉克·法克纳(后来人称"老上校")的生活。

在福克纳出生八年前就去世了的那个祖先的一生既冒险,又很励志。1825 年,他生于田纳西州,当时家人正从卡罗来纳州向密苏里州圣日内瓦迁徙。祖先在圣日内瓦度过了自己的孩童时代,父母也在那里定居了一段时间。1840 年,法克纳搬到密西西比州庞托托克县,去投奔当时密西西比北部的著名律师——他的舅舅特·约·沃德。从那时的人口普查记录来看,威廉的父亲约瑟夫已经去世了,所以作为长子的他,开始承担起照顾寡母和弟弟妹妹的责任。

几年后,威廉十七岁时,沃德把他的律师事务所搬到庞托托克北部大约四十英里处,即密西西比州的里普利,威廉也跟着去了。威廉在当地监狱谋了个职,完成了基础的识字

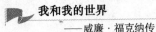

教育，便开始跟着沃德学习法律。后来，沃德把家搬到霍利斯普林斯，威廉又跟着舅舅约翰·卫斯理·汤普逊一起生活。

1847 至 1861 年，法克纳曾在墨西哥战争中担任中尉，然后组建家庭，当过律师，涉足政坛，而且还成了一位有名的庄园主。他写了两本书，一本是歌颂墨西哥战争的史诗《蒙特雷之围》，另一本是浪漫主义小说《西班牙女郎》，但都反响平平。与此同时，法克纳还卷入了一场离奇古怪的暴力事件，两名男子死于他手，从此死者家属与他结下了仇恨，此事困扰他很多年。1849 年，曾在墨西哥战争中与法克纳共事过的罗伯特·欣德曼声称，法克纳阻止他加入兄弟会组织。法克纳否认了这一指控，欣德曼骂他是骗子，说着便拔出了手枪。可想而知，在后来的激战中，法克纳射杀了欣德曼。虽然陪审团后来证明法克纳是正当防卫，但欣德曼家人还是不依不饶。1851 年 2 月，法克纳与欣德曼家族之间的恩怨再次爆发。在与一名欣德曼支持者的争吵中，法克纳向对手开了一枪。法克纳再次被起诉，并以谋杀罪接受审判，然而和以前一样，他又一次被无罪释放。

法克纳与欣德曼家族之间的恩怨愈演愈烈，双方在里普利的公民中都有支持者。1857 年，法克纳的一名支持者想要杀死老托马斯·欣德曼，法克纳出面阻止了他。但几个月后，老欣德曼提出要与法克纳决斗。决斗协议要求两人在孟菲斯河对岸的阿肯色州会面，孟菲斯一家报社的编辑马修·盖洛韦是唯一证人。可想而知，决斗并未发生，因为盖洛韦说服了法克纳和老欣德曼放弃这场致命的决斗。多年后，法克纳将他最出名的书《孟菲斯的白玫瑰》献给了盖洛韦，以此表达友好与感激之情。

欣德曼事件终于告一段落，法克纳在十九世纪五十年代逐渐安定下来，一边从事法律工作，一边扩大他的土地财产。美国内战爆发时，他已是密西西比北部最富有、最有影响力的人物之一了。此外，根据1860年蒂帕县的人口普查报告，他母亲卡罗琳当时已经搬来同住；他的兄弟詹姆斯也成了该县的一名执业律师。

1861年，密西西比脱离联邦，法克纳招兵买马、组建军队来支持南方邦联。后来，他当选为步兵团的上校，余生一直被如此称呼。这证明了他是一名勇敢的士兵，尽管有点鲁莽，但他在马纳萨斯战役中的英勇表现赢得了皮埃尔·吉·特·博勒加德将军的赞誉。到了1862年，法克纳在军队中的威信逐渐降低，降职为中校。有人觉得法克纳是因为严苛的管理手段才下台的；也有人认为法克纳冷酷无情，完全不顾全军将士们的生命安危。但不管怎样，步兵团上校的职位已与他无缘。失望但依然毫不畏惧的法克纳回到了密西西比。三个月后，他重整旗鼓，组建了一支游击骑兵团重返行伍。1862年8月至1863年5月间，法克纳率领军队在密西西比北部和田纳西州南部与联邦军队展开了小规模的战斗。1863年10月，法克纳身体欠佳，升职无望，便离开了军队。然而，他在战争后期的活动依然很神秘。有人说，他这段时间曾与内森·贝德福德·福里斯特将军并肩作战，还有的人说，这些年他一直穿梭于包围孟菲斯的联邦封锁线走私违禁品。内战结束后，法克纳比大多数战败的南方人更早收回了自己的财产，这一事实表明第二种说法的可信度更大一些。

历史学家乔尔·威廉森在他的著作《威廉·福克纳与南方历史》中，揭露了法克纳在里普利生活中不为人知的一面，还引起了不少的争议。美国十九世纪五六十年代对法克纳上校的家庭结构进行了调查，这一时期的人口普查记录显

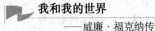
示,威廉森提供的证据足以证明,法克纳与女奴埃米林有过一个或多个混血孩子。而且威廉森在里普利公墓找到了埃米林的坟墓,离法克纳家族墓地只有五十码;他还追溯到埃米林女儿的生平和家世,她的父亲很可能就是法克纳上校:范妮·福里斯特·法克纳,这个名字中加入了上校的妹妹弗朗西斯和上校最喜欢的将军福里斯特的部分名字。威廉森如是推测。范妮毕业于拉斯特学院,有传闻说,法克纳上校偶尔会去看望她;后来,范妮嫁给了拉斯特学院的学生马修·多兰,范妮和马修·多兰一起搬到了得克萨斯州的马歇尔,在那里马修·多兰当上了著名的黑人学校威利学院的终身校长。

美国内战结束后,法克纳继续从事法律工作,1871年收购了更多的地产,开辟了新事业来捍卫企业家的声誉。密西西比州的立法机构试图通过整修铁路来加快重建速度,他们同意以每英里四千美元的价格,招募能够建造一段至少二十五英里长的铁路的公司。不久,里普利铁路公司的特许状签给了威廉·克拉克·法克纳、雷·约·瑟蒙德和其他三十五个公司法人。这条铁路于1872年竣工,从里普利向北延伸到田纳西州米德尔顿,在那里与孟菲斯至查尔斯顿(南卡罗来纳州)的铁路相交。

十九世纪七八十年代,法克纳上校积极参与运营和扩建铁路以期保留公司控制权,困难程度是常人无法想象的。1888年,这条铁路已与其他线路合并为船岛经里普利至肯塔基的铁路;该路线向南延伸,穿过新奥尔巴尼至庞托托克,后来这条铁路与通往墨西哥湾的铁路网连接起来了。

1880年,法克纳上校在百忙之中抽出时间写了一部情节跌宕起伏的小说,因故事主要发生于一艘轮船上,他以船名把小说命名为《孟菲斯的白玫瑰》。这部小说最初在当地报纸上连载,结果广受欢迎,纽约的一位出版商于1881年出版了它。这部小说一炮打响,一个月之内八千册便告售罄。这部小说最终发行了三十六种不同版本,1953年时还出版过一次。法克纳上校随后又写了两本书,一本是模仿马克·吐温的《傻子出国记》而写成的《欧洲速览》,另一本是小说《小砖墙教堂》,但成就他文学美誉的还是《孟菲斯的白玫瑰》这部小说。也许是听过家人们讲述这本书大红大紫的故事,年轻的比利·法克纳才会告诉他的三年级同学自己要像曾祖父那样当个作家。

法克纳上校参加了密西西比州议会的选举,希望通过立法机构为他的铁路事业谋取好处。但是曾经的合伙人雷·约·瑟蒙德与他反目成仇,在激烈的竞争中支持了法克纳的对手。1889年11月5日,法克纳赢得竞选已成定局之时,却不料被瑟蒙德在里普利的大街上暗杀了。法克纳上校安葬在里普利公墓,至今坟头还矗立着一座八英尺高的大理石雕像,这是他去世前几个月在纽约找人为自己定制的。

威廉·克拉克·法克纳在生活和事业上的一点一滴,都引发了威廉·福克纳的想象,这将为约克纳帕塔法文学宇宙的创造提供丰富的素材。例如,约翰·沙多里斯上校是《坟墓里的旗帜》《没有被征服的》和其他小说里的主要人物,而这个人物就是以法克纳上校为原型塑造的。和现实生活中的法克纳一样,内战前沙多里斯是一位有名的庄园主,内战期间是一位勇敢的南方邦联上校。战争结束后,沙多里斯修建铁路,涉足政坛,最后却被一位叫雷蒙德的铁路合伙人枪杀。不足为奇的是,福克纳在重述故事时更改了一些有关曾祖父的逸事。例如,沙多里斯杀了三个人而并非两个人,其中被杀的两个人是扰乱南方社会传统秩序的背包客。另外，沙多里斯比现实生活中的贵族更为传统和守旧，沙多里斯死去的时间是 1876 年，而不是 1889 年（老上校死于 1889 年）。然而，即使有这样的改变，读者也不会弄错沙多里斯上校和法克纳上校之间的相似之处。实际上，福克纳所有的作品中没有一个人物与原型如此贴近。

　　然而，在很大程度上，约翰·沙多里斯是福克纳对曾祖父的一种理想化写照。但是，福克纳清楚地知道曾祖父在里普利流传下来的传奇故事远远不止这些：比如他生性暴躁，倔强傲慢，对生活和事业严肃粗暴，对名利贪得无厌。虽然他不像约·皮·摩根、约翰·洛克菲勒、约翰·雅各布·阿斯托或杰伊·古尔德那样是各自行业领域的大亨，但威廉·克拉克·法克纳却是十九世纪晚期美国掠夺者贵族特有的非道德社会达尔文主义的经典例证。老上校的这一典例也许在福克纳对托马斯·萨特潘和弗莱姆·斯诺普斯的描写中得到了更好的体现。像老上校一样，萨特潘和斯诺普斯都是白手起家的有产者，他们冷酷无情，不关心社会，不照顾家庭，更不允许有任何事情阻碍他们在物质上的成功。

　　如果乔尔·威廉森对法克纳上校在里普利有个黑人"影子家庭"的猜疑是对的，恰巧威廉·福克纳也有这样的怀疑，那么老上校也许为《去吧，摩西》一书中的麦卡斯林族长卢修斯·昆图斯·卡罗瑟斯·麦卡斯林的种族通婚提供了原型。正如他的孙子艾克在阅读父亲和叔叔保存下来的家族账簿时发现的那样，老麦卡斯林也有女奴所生的孩子。有一些文字证据表明，福克纳怀疑自己很可能有非裔美国人亲属。在他的短篇故事《曾经有一位女王》中，黑人奴仆埃尔诺拉被认为是约翰·沙多里斯的女儿；如上文所述，约翰·沙多里斯是在威廉·克拉克·法克纳的基础上虚构的人物。在这一点上，人们很容易认为，艾克·麦卡斯林试图寻找和补偿他的黑人亲属，威廉·福克纳希望通过《去吧，摩西》这部小说来表达他对种族问题的关注，以期对非裔美国人亲属进行补偿。

老上校的故事被福克纳家族的人们一再传述，比如福克纳的祖父（人称"小上校"）、父亲和亚拉巴马·麦克莱恩姑奶奶（威廉·克拉克·法克纳的私生女），还有一部分人被福克纳写在了小说里。福克纳小说的一个显著特征是从多角度叙述一个事件（过去或现在的事），其中《押沙龙，押沙龙！》就是运用了这种写作技巧。这部小说写的是一个死去近五十年的人。这部小说经由多个叙述者重新讲述，通过个人回忆、道听途说、谣言传闻、第二和第三人称叙述甚至猜测拼凑起来。这和福克纳了解他曾祖父生平事迹的方式几乎是一模一样的。

福克纳用略带夸张的语调说道："我从未读过历史。我喜欢给别人讲故事……我小时候周围有很多人亲身经历过那段历史，我会用得着——我就这样耳濡目染着。"老上校是一位如此有争议的大人物，这与福克纳听到的某些故事有些矛盾。福克纳曾对一位传记作者说："里普利的人谈起老上校来就好像他还活着似的，或许住在山上的某个地方，随时都能看见他。很多人都听闻过老上校的大名，但每个人对他的印象和说辞都不一样，这真是奇怪。有人说老上校和我一样身材矮小，也有人信誓旦旦地说他有六英尺高。"

威廉·克拉克·法克纳无疑是对福克纳影响最大的人

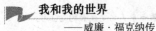
物。如前文所述，老上校是约翰·沙多里斯的原型，而且在某种程度上，托马斯·萨特潘、弗莱姆·斯诺普斯、卢修斯·昆图斯·卡罗瑟斯·麦卡斯林身上也闪现着老上校的影子。此外，老上校的丰功伟绩世代相传、经久不衰，一度影响了福克纳对整个家族历史的认识与看法，从而对福克纳小说的风格和技巧产生了巨大影响。还有，法克纳的一生充满了争议和矛盾，这为福克纳对人性悖论的理解很好地上了一堂人生必修课。接下来我们会了解到，福克纳的许多作品都是在理想化与现实化世界观的对比中展开的，而福克纳所继承下来的这位老上校里里外外的故事均传达了这两个对立面。

注解：① 福克纳还有一个昵称是"比尔"。青少年时期的福克纳沿用家族的姓氏，所以涉及作家这一时期的经历时，使用"法克纳"。值得注意的是，福克纳的弟弟约翰也是一位作家，他认同兄长改姓的做法，故后文中使用"约翰·福克纳"而不是"法克纳"。

第二章

懵懂青少年

威廉·卡斯伯特·法克纳于1897年9月25日出生在密西西比州新奥尔巴尼。这个孩子的名字威廉来源于他伟大的曾祖父，中间名则取自他父亲的名字。父亲默里是家族铁路事业的第三代继承人；母亲莫德是奥克斯福镇上有名望的巴特勒家族成员。

比利①出生的第一年就患有疝痛，他没日没夜地哭闹，这种病症可害苦了不少新生婴儿。为了安抚小比利，母亲把他放在直背靠椅上，轻轻地摇晃他。邻居们每晚都会听到木地板发出砰砰的噪音，他们觉得法克纳一家很是奇怪。还有人打趣说："他们家人每晚都在砍木头。"

比利一岁生日后不久，全家搬到了位于新奥尔巴尼以北20英里的里普利镇。这里是老上校的家乡，也是家族铁路事业的创始地。默里·法克纳在铁路上工作，任审计兼出纳，后来被调到里普利负责新业务。

搬到里普利没多久，默里的次子杰克来到了这个家庭；

9

两年后，老三约翰出生了；又过了几年，全家迁居到奥克斯福，老四迪恩降生了。

比利打小就体弱多病，没有安全感。四岁时，他和弟弟杰克差点死于可怕的猩红热。他们的祖母萨莉·默里·法克纳从奥克斯福赶来照料孩子们，帮助莫德尽快渡过难关。

还有一次，比利在他姑奶奶威利·梅多拉·万斯家过夜，比利被多年后他记忆中所谓"孩子们遭受的孤独与无名悲伤的咒语"所折磨，不得不在半夜被带回了家。

一家人在里普利生活的这四年，也许是默里·法克纳一生中最幸福的时光。他热爱铁路，辍学后就在铁路上工作。在接下来的几年里，默里的职务步步高升，从司炉工到轮机员，又由列车长到站长，后来成了财务总监。他还在城外买了一个农场，在那里他可以尽情地骑马、驯狗。

但到了1902年，默里在里普利的幸福生活突然中止了。他的父亲约翰·卫斯理·汤普森·法克纳（"小上校"）决定卖掉这条铁路。在妻子的一再坚持下，小上校在父亲被谋杀后离开了里普利，部分原因是为了避免与瑟蒙德同情者之间产生新的麻烦。回到奥克斯福，他成了杰出的辩护律师、有名的庄园主、州议员、密西西比大学的董事，还是银行家。显而易见，铁路逐渐成为他的负担，他便把它卖掉了。

铁路的事情让默里很伤心。父亲打算让他在奥克斯福做点生意，这使他稍感安慰。默里却疯狂借钱试图从父亲手里买下这条铁路，但都于事无补。他又想移居到得克萨斯州，妻子莫德打消了他这个念头。他别无选择，只好回奥克斯福投奔父亲。然而，这一举动令莫德很高兴，她又愉快地回到了家乡。

对于法克纳家的四兄弟来说，搬到奥克斯福可是一件令人兴奋的事情。奥克斯福比三个里普利加在一起还要大，这里有很多东西值得去观察、去探索。杰克·法克纳还记得他们初到奥克斯福的印象："那时我们刚下火车，眼前的一切令我和比利目瞪口呆，我们从来没有见过那么多人，还有成群结队的马匹和车辆，到处都是车水马龙的景象。"

他们新家附近有一片牧场可以饲养牲畜，这可遂了默里养马的心愿。从那时起，小比利就迷上了马匹和树林，这些都伴随了他的一生。

邻居家的孩子们经常和法克纳家的四兄弟在自家和祖父家的大前院里打棒球、踢足球。祖父家被称为"大宅第"，离他们住的地方很近。比利领着他们一起玩，经常自己制定游戏规则。弟弟约翰回忆过比利是如何发明了"橡子棒球"和"马上棒球"的游戏。在第一种游戏中，如果攻队队员向守队投手投了一颗橡子，并能击中他，那么跑垒员就有可能被"封杀"。第二种游戏要求击球员打到球并乘机骑马跑垒。然而，当比利把这两种游戏结合起来时，麻烦就来了。有一次，当杰克骑着小马驹跑垒时，比利随手扔了一颗橡子，不料却击中了小马驹。马随即脱缰，好在杰克拼命地抓住了马鬃。那次事件之后，孩子们便被禁止再玩这两种棒球游戏了。

除了比利的母亲，还有三位女性对比利早期成长产生了很大的影响。他的姥姥莱丽雅·斯威夫特·巴特勒，家人叫她"达姆第"，她搬到比利家，住了五年后死于癌症；另一位是黑人妇女卡罗琳·巴尔，也叫"卡丽大妈"，是比利家的用人。达姆第和莫德带着孩子们一起去教堂，指导他们谨遵道德规范，接受宗教训练；而卡丽大妈喜欢给孩子们讲故事，带他

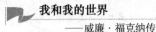

们到森林里徒步旅行，还用不同的鸟儿和花朵给孩子们起小名。卡丽大妈住在后院的一间小屋里。晚上的时候，她和家人坐在摇椅上，围在炉火旁，一边吸着鼻烟，一边倾诉心声。

孩子们和他们的"姨妈"霍兰德·威尔金斯也很亲近。为了照顾生病的母亲，她搬到了"大宅第"。母亲去世后，她还要照料父亲。姨妈生性刚烈顽强、无所畏惧，她是生活在南方社会和文学作品（包括福克纳的作品）中的真实的人物写照。杰克·法克纳回忆说："我们坚信，如果姨妈生活在战争年代，南方永远不会（也更不可能）战败，因为北方佬在人数上只比我们多三四倍而已。当然，姨妈不费吹灰之力就能弥补这点小差距……其实她对那场战争一无所知，但她确实经历了战后的岁月：所谓的'重建时期'。我不晓得北方来的那些背包客在搞什么重建，但我们的姨妈丝毫未受影响。"姨妈的女儿萨莉·默里成了法克纳弟兄们的好伙伴，他们亲如兄妹。

丽达·埃斯特尔·奥多姆也是比利儿时的玩伴。有一天，法克纳家的四兄弟路过她家时，埃斯特尔指着比利对她家的女仆说："瞧，就是那个小男孩，我长大之后要嫁给他。"

比利直到八岁才开始上学，但很快就成了一名优等生。由于一年级表现良好，第二年他直接跳到三年级。他每门功课都很好。在有艺术天赋的母亲和外祖母的栽培下，他迷上了绘画。有个星期天比利去了教堂，还没等达姆第瞧见他在捣鼓什么，眨眼工夫就在赞美诗集上画好了一个火车头。

福克纳从小就很喜欢阅读。他母亲上过大学，把她最喜爱的作家介绍给福克纳，包括莎士比亚、菲尔丁、埃德加·爱伦·坡、狄更斯、巴尔扎克、康拉德等。杰克·法克纳后来回忆道："因为母亲，我们爱上了文学，我们喜欢读各种类型的文学作品，这让我们开阔视野，让我们无比快乐，让我们不断了解历史和现实。"比利还溜到祖父母在"大宅第"的藏书室，里面有很多历史著作，还有大仲马和司各特的小说。

四兄弟逐渐长大成人，他们终于可以自由自在地享受小镇生活了：和朋友们一起做游戏，比如放风筝、打弹珠、滑旱冰，还时不时地向经过镇上的火车挥挥手。他们经常去父亲的马房闲逛，马房里的马匹、马车以及出租用马车常用来运输奥克斯福镇上的乘客和货物。塔拉哈奇河谷的"俱乐部之家"是由小上校建造的两间小屋，四兄弟很喜欢和父亲以及朋友来塔拉哈奇河谷狩猎或者远足，同时这里也成了默里和朋友们消遣的地方。

这样一来，比利·法克纳成长过程中陷入了两种截然不同的生活方式中：一种是母亲向往的安闲舒适、富有艺术性和文学气息的生活，另一种是父亲倡导的有男子汉气概、活跃好动的户外生活。他在享受这两种生活的同时，也越来越失望。他有时会瞧不上父亲，但年轻的比利又发现他完全受控于母亲。是的，纵观他的一生，他曾试图用各种方式向自己和他人证明，他是父亲期望的那种阳刚雄壮、有男子汉气概的人。有时，父母之见令他左右为难，小男孩一定也有这样的感受。小男孩即福克纳笔下最引人注目的一个人物——《烧马棚》中的萨迪·斯诺普斯："可怕啊！痛苦啊！简直像被两辆四挂大车两边绑住，两头一起往外拉。"

法克纳家的四兄弟喜欢飞机，就像他们喜欢火车和马匹一样。他们后来都获得了飞行员执照。除了杂志上的照片外，他们当时并未见过飞机，但孩子们仍然决定有一天要自己造

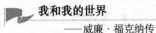

飞机。比利是大哥，负责设计和制造"这架机器"，萨莉·默里打下手，卡丽大妈则在一旁加油鼓劲儿。孩子们便用一块块木头、捆好的铁丝和彩色的包装纸，按部就班地把飞机组装好，然后把它拖到后面牧场上的一个大山谷边上。比利自信满满地向大家保证，飞机会像风筝一样飞起来，他们要做的就是把它推到沟边，看着它起飞。飞机就位后，比利摇摇晃晃地爬上驾驶员的座位，命令其他人放飞。正如杰克·法克纳回忆的那般凄惨，飞机起飞时"尾部下沉倒转"，突然从山上坠落，机身瞬间裂开了，将飞行员狠狠地甩到沟底。尽管在当时的混乱中很难表达对比利的敬佩，但是孩子们确信比利是密西西比州第一个被空降的人。

童年时期有件令福克纳最难忘的事，后来约翰·福克纳用一幅画《消失的南方》进行了描述。那是一个热气球驾驶员试图从一块空地起飞，然后在奥克斯福镇商店和民宅上空翱翔的情景。镇上的居民和法克纳家的孩子们一整天都在盯着这个"气球人"，助手在一旁忙着点火，然后注入热空气。起飞的时刻终于到了，不料，飞行员早就被煤油燃烧产生的烟雾熏黑了。不过没关系，他喝了一整天的威士忌酒，这使他鼓足了勇气。于是，他系上降落伞，把自己绑到了气球上。

"快松开绳子，伙计们，"飞行员对着握系泊绳的小伙伴喊道。说时迟那时快，气球立即升了起来。然而，一到高空，它就被一阵大风刮得摇摇晃晃。法克纳家的孩子们看见气球正朝他们家的方向飞去，立刻跑过去看它会落在什么地方。有趣的是，他们到了后院，正好看到气球悬在鸡舍顶上，而飞行员正从猪圈里爬出来。

1908年，奥克斯福来了第一辆汽车，这又是一件令人兴奋的事情。那是一辆红色的温顿六号旅行车,前往孟菲斯的途中路过小镇。法克纳家的孩子们沿着大街追跑着,直到它离开小镇不见了踪影。

约翰·布法娄是奥克斯福第一位拥有汽车的人,他在自己的枪械商店手工制造了自己的汽车。汽车确实开动了,但它发出的噪音太大,连镇广场上的马都受到了惊吓。当时的市议员老法克纳提议通过了一项法案,禁止汽车在奥克斯福的街道上行驶。但这项法案从未被废除,也从未被执行过,因为越来越多的当地居民开始买车。就连福克纳的祖父自己也买了一辆 1909 年产的别克车,还雇了一个叫切斯·卡罗瑟斯的黑人给他当司机。半个世纪后,福克纳的绝笔之作《掠夺者》就突出描写了那车那人。

毫无疑问,汽车的到来意味着奥克斯福及其他地方马车时代的终结,所以默里·法克纳不得不重新寻找商机。他在镇广场盘下了一家五金店,干了几年,后来他成为密西西比大学的商业经理。但是,他所做的一切,都不如在铁路供职时期令他感到满足。只有在树林里打猎或者和好友们一起出去喝酒时,他才会快乐。他还读西部小说,无疑是幻想着如果妻子同意搬到得克萨斯州的农场,他就可以过上自由而冒险的生活。

比利逐渐意识到父母的婚姻关系越来越紧张,即使是迪恩的出生也未能让这对夫妇更为亲近。默里整日沉迷于酗酒和打猎,不管白天还是黑夜,只要他在家,就浑身酒气。他饮酒过度时,莫德便开车送他去孟菲斯的一家诊所接受“治疗”,但这些治疗只能暂时控制他的酒瘾。很快,没日没夜的酗酒以及随之而来的愤怒又会一触即发。

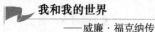
二十世纪早期的奥克斯福在很多方面都是一个适合儿童成长的好地方，但它也是南方黑人聚居区的中心地带。1908年，比利十一岁时，黑人内尔斯·巴顿因涉嫌谋杀一名白人妇女而被捕，关押在当地监狱。然而，在审判前，一名前美国参议员领着一群暴徒制服了治安官，杀死了巴顿，并把他阉割后的尸体挂在镇广场的一棵树上。法克纳家当时离私刑现场只有几个街区远，所以小比利即使没有亲眼看见任何私刑暴力，至少肯定耳闻过。巴顿的死影响了福克纳后来对私刑的描写，这在《八月之光》中的乔·克里斯默斯和《干旱的九月》中威尔·迈耶斯的身上得到了体现。

到了六年级，比利对学习失去了兴趣，开始逃学。他变得内向，逐渐疏远他那爱吵架的父母。有一次，他被送到里普利和亲戚们一起生活，他父母希望借此机会培养他的自律能力，改掉在奥克斯福养成的坏习惯。但是这个方法没有奏效，比利被送回了家。那时的朋友回忆说，他的性格变得越来越内向、安静。他主要对绘画和阅读感兴趣，并很快爱上了写作。比利开始发挥他那惊人的想象力，编造各种故事讲给别人听。比如，有一年冬天，比利母亲注意到本来是交代他去运壁炉用煤，实际干活的却换成了邻家孩子。她发现比利正在给邻居讲故事，而且在最精彩的地方停下来，那孩子只好第二天再去为他效力。

比利惊人的创造力以及越来越强的幽默感，也在一系列钢笔漫画中得到了体现。这些漫画是他为奥克斯福分级学校校刊设计的，但从未出版过。这些漫画讽刺了校长吉·格·赫斯特和各系的全体教员，表现了十一年级的学生们对学校和家庭作业的反感（毫无疑问，这仅代表福克纳的想法）。其中,最有趣的一幅漫画是对历史老师埃拉·赖特小姐的描绘:她拉动了一台标有"过失惩罚机"的机器的手柄,并对凶狠的、食人魔似的"亚伯拉罕·林肯"进行惩罚。比利在林肯脚下画了一幅小画像:显然由总统授意,一个威猛凶狠的联邦暴徒手持一把锋利的刀,正在攻击一个手无寸铁的小邦联。画上还配了标题:"我就这么想!"几乎可以肯定的是,这句话以及漫画的内容,反映了赖特小姐在历史教学中对南方邦联的偏心,但也有可能这就是小比利·法克纳的观点。

虽然福克纳在1915年9月回校参加过一场橄榄球比赛,但他在十五岁左右的时候就辍学了。他个头虽小,但却是个很有能力的四分卫,他的球技令队友们很佩服。不过,唯一有记录可查的英勇行为是队友拦截了一个传球,他却把这名队友拦截了。在一片混乱中,他冲向了对方的球门线。比利竭尽全力拦截了他的大个子队友,但在这个过程中他的鼻子撞歪了。

随着福克纳从童年进入青春期,他和埃斯特尔·奥多姆在一起的时间越来越多,逐渐成了密友。埃斯特尔一心想嫁给福克纳,此刻的比利也产生了要娶她的愿望。他们携手漫步,在当地的书店偶遇,分享彼此写的诗,憧憬着有一天要结婚。在埃斯特尔的影响下,比利开始更加注重自己的外表和穿着,竟然在同龄人眼中成了"花花公子"。埃斯特尔美丽优雅、善于交际,广受男孩子们的欢迎;然而,她表示只对小男友比利情有独钟,这才消除了他的不安。

1913年秋,这对恋人分手了。原因是埃斯特尔要离开奥克斯福,到弗吉尼亚州斯汤顿的年轻女子学校玛丽·鲍德温学院学习。十六岁的比利又一次游离不定,失去方向,需要

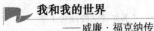

某物或某人赋予他生活的意义。第二年夏天,他有幸在菲尔·斯通身上找到了这两样东西。

第三章

初出茅庐

1914年夏天，二十岁的菲尔·斯通在耶鲁大学学习一年后回到奥克斯福，此时的他已在密西西比大学和耶鲁大学各获得一个学士学位。他父亲是奥克斯福银行的行长，也是一位有名望的律师。斯通遵循父亲的意愿，秋季开始到密西西比大学攻读法律，准备毕业之后加入家族律师事务所。但斯通真正喜欢的是文学，在耶鲁大学的时候，他就接触过托马斯·斯特尔那斯·艾略特、埃兹拉·庞德、阿尔杰农·史文朋和威廉·巴特勒·叶芝等当代著名诗人的作品。斯通还热衷于阅读一些有影响力的先锋文学杂志，包括《诗歌》和《小评论》。

回到家乡奥克斯福，斯通热切地与一群年轻的朋友分享了他对文学和当代诗歌的热爱，其中包括十六岁的比利·法克纳，比利刚刚读完十年级。因为斯通对比利的一些诗作印象深刻，便成了比利的良师益友。在接下来的十五年里，斯通在福克纳的文学之路和作家生涯中扮演了师长的角色。

斯通与他分享从耶鲁大学习得的知识,借给他各种书籍,并阅读和点评他写的诗歌。他们时常在奥克斯福周边的林间漫步交谈。斯通后来这样评论这件事:"我把书借给他读,向他推荐了包括史文朋、济慈和一些当时被称为现代派的作家,如大诗人康拉德·艾肯及意象派诗人,还有大作家舍伍德·安德森等人的作品。"为了让年轻的门生了解作家的真实生活,斯通偶尔会带福克纳拜访斯塔克·杨,斯塔克是密西西比州一位成功的作家,住在纽约,经常陪他父母在奥克斯福过暑假。

1924 年,福克纳写了一篇名为《旧诗新篇:朝圣》的文章。他回忆起早期对诗歌的兴趣,部分原因是为了给相识的女性留下深刻印象,尤其是埃斯特尔·奥多姆。比利同埃斯特尔青梅竹马,很早就坠入了爱河。法克纳夫妇与奥多姆夫妇亦是老相识,所以比利和埃斯特尔在少年时期几乎是形影不离。随着他们长大成人,他们的朋友都认为他俩将来会走入婚姻的殿堂,当然比利和埃斯特尔也是这样憧憬的。

通往爱情的路,从来就不是一帆风顺的。奥多姆家族是当地的名门望族,而法克纳家道中落,早已大不如前。比利的父亲开了一间小马房。比利高中没读完就辍学了,对找工作都不上心,更别说干出一番大事业了。他第一份正儿八经的工作是在他祖父的银行当簿记员。他觉得枯燥乏味,毫无成就感,几周后就走人了。后来他打趣说,这个职位使他"测试了烈酒的药用价值"。他接着说道:"祖父以为是看门人喝的。门房真难做!"

康奈尔·富兰克林是一位来自密西西比州的年轻律师,家境阔绰,准备向还在密西西比大学读书的埃斯特尔求婚。这一举动使埃斯特尔对比利的感情有所动摇,但尽管如此,她还是深爱着比利；当她父母逼迫她接受富兰克林的求婚时，埃斯特尔提出要和比利私奔，但是比利拒绝了。在征得埃斯特尔父亲的同意之前，比利不敢娶她。当比利上门提亲时，奥多姆上校勃然大怒。比利没有工作，仍和父母住在一起。他连自己都养活不了，怎么能养活妻子、自立门户呢？

1918 年 4 月 18 日，埃斯特尔嫁给了康奈尔·富兰克林。在《喧哗与骚动》这本书中，福克纳把凯蒂·康普生和赫伯特·海德的婚期也安排在了 4 月：另一场不幸的婚姻击碎了这个年轻人的心。

为了缓解失去埃斯特尔的痛苦，福克纳决定上战场。年轻的飞行员驾驶着最新的战斗武器——飞机，这样的事令福克纳深深着迷，于是他决定做一名飞行员。但福克纳身材矮小，遭到美国空军的拒绝。他便前往纽约，成了英国皇家空军加拿大分校的一名学员。在接下来的五个月里，福克纳（他入伍时在自己的姓氏里加了一个字母，改为 Faulkner，从那时起他一直沿用这个姓氏）在多伦多进行飞行训练，但命运弄人，战争在他首次单飞之前就宣告结束了。

回到奥克斯福，福克纳摆出了一个战斗英雄凯旋的姿态。他身着英国皇家空军制服在镇上四处晃悠，炫耀着有可能是从当铺买来的飞行执照。他在训练中受了伤，手里拄着拐棍，走路一瘸一拐。他还谎称他在德国上空作战时飞机被击落，脑颅内还嵌着一块弹片，那是他在战争中受伤留下来的。为了给自己塑造一个战功赫赫的英雄形象，也为了逃避不幸的现实，福克纳发挥了惊人的想象力来编造这一切，当然这仅仅是个开始。

二十岁刚出头的福克纳还是不想工作，他和父母住在密

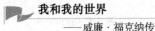
西西比大学校园里的一栋大房子里。学校规定对退伍士兵免除入学限制，他借此机会选修了英语和法语课程。他不仅在学生报纸《密西西比人》上发表书评和诗歌，而且还为学校年刊绘制插图。他参加戏剧社，写了一部名为《牵线木偶》的剧本，并从学校图书馆借书来读。

一直以来，在菲尔·斯通的不断鼓励和指导下，福克纳写了很多诗。尽管这些诗作的风格大部分都在模仿他人，主要受史文朋、于斯曼、艾略特和艾肯等诗人的影响，风格中也掺杂着明显的个人因素——他对密西西比山河景色的无比热爱，对戎马生涯的无限向往，最重要的是，对失去心爱之人的痛楚和懊悔。

1919 年 8 月 6 日，《新共和》杂志发表了福克纳第一首诠释失落和失败的诗作，标题是《牧神的午后》。这首诗是模仿十九世纪法国诗人斯特芳·马拉美的风格写成的，描绘了一个半人半羊的牧神追逐一群美丽的仙女在山野林间戏水玩耍的美景。其中一位漂亮出众的小仙女令牧神倾倒。他仰慕她那"令人心驰神往的性感之膝"，幻想着"在她的四肢和脖颈印下热辣一吻"。他仿佛感觉到"与小仙女手挽着手"在水畔漫步，骤然间这种美好的遐想被"旋风似的舞蹈"和"洪亮而深远的钟声"打破，牧神的梦境就这样破碎了。

在这首诗中，叙述者从纯粹的偷窥者变为一厢情愿的参与者，但最终他只是个观察者，局外人注定没有参与的资格。最后的"钟声一响"是时间的象征，意味着要把梦者从幻境中拉回现实。因此，这首诗引入了一个贯穿福克纳全部文学作品的主题，那就是理想与现实的差距。

多年后，福克纳在小说《没有被征服的》中借主人公贝亚德·沙多里斯之口说:"有能力者就去征服,无能者既然受够了无能之苦,就只好把它写出来了。"福克纳的许多早期诗歌,如《牧神的午后》,让他学会了如何通过潜心写作来弥合浪漫理想与残酷现实之间的鸿沟。

多年来,出版商拒绝了福克纳大部分稿件,福克纳便开始了贯穿写作生涯始终的一项活动,把部分习作装订成小册子赠送给朋友和爱人。他送给斯通一本用红天鹅绒封面装订的图文并茂的手绘小册子,里面有十三首诗,册子名为《丁香》。他还准备了五份自己设计的剧本《牵线木偶》,送给了密西西比大学剧团的朋友们。最引人注意的是,在埃斯特尔·富兰克林婚后回乡探访时,福克纳向她献上了十四首爱情诗,标题为《春之幻景》。在静谧的黄昏时分,叙述者听到了低沉的钟声,倏忽间"感到心口隐隐作痛。他用颤抖的声音倾诉着——我这颗不变的心碎了一地"。空虚的他在诗中沉思道:"我有我所追求的东西,但现在她已经离开我了 / 支离破碎。"由此看来,福克纳仍然深爱着他青梅竹马的恋人。

1921年秋天,在斯塔克·杨的鼓励下,福克纳去了纽约,住在格林尼治村。他并未中断写作。尽管曾在书店工作了一段时间,结识了一些作家和批评家,但是他仍然心神不安,郁郁寡欢,于是又回到了奥克斯福。

1921年12月开始,福克纳从事了一生中除写作之外时间最长的工作,那就是在密西西比大学当了三年的邮电所所长。具有讽刺意味的是,给他介绍这份工作的人竟是当初反对他当女婿的莱缪尔·奥多姆。福克纳一年能挣一千五百美元,在那个年代,这可不是一个小数目。

福克纳在邮电所期间闹出的奇闻趣事数不胜数。顾客

抱怨他发邮件的速度太慢，还经常放错地方。他有时干脆关上门窗，躲到后屋看书或写作，甚至出去打高尔夫球。他在送杂志和报纸之前都会浏览一遍，还经常在自设的"阅览室"中和朋友们打扑克、搞聚会。最终，纸里是包不住火的，他这种玩忽职守的行为还是被检举了。不出所料，1924 年 12 月，检查员给福克纳写了一封长达三页的信，信中满是对他的控告，其中一项指控便是他正在写一本有关政府官员任期的书。所以无论如何福克纳都必须辞职，他对朋友说："我想我一辈子都会受到有钱人的左右，但谢天谢地，从今以后我再也不用对每一个碰巧有两分邮票钱的混蛋唯命是从了。"

与此同时，福克纳弄丢了一份他很喜欢的工作——毛遂自荐当上的童子军队长。大家都说福克纳是个出色的童子军领导，他带领孩子们徒步穿越他所热爱的树林，还给孩子们介绍一款类似现代定向越野的游戏。由于当地的一位牧师得知福克纳染上了酗酒的恶习，加上他父亲和祖父也都为之沉迷，所以福克纳不得不辞去这个工作。

福克纳在密西西比大学当非全日制学生和邮电所所长的时候，很快和本·沃森成了朋友。沃森来自密西西比州格林威尔，对文学很着迷。他们一起吟诗作赋，对酒当歌，一起参加"牵线木偶"戏剧社。福克纳有时去格林威尔的沃森家中居住，《坐在科隆宾尸体旁的皮埃罗》一诗就是在那里写的。

然而，福克纳在奥克斯福最好的朋友还是菲尔·斯通，斯通一如既往地鼓励和培养福克纳成为一名诗人。斯通酷爱赌博，福克纳便陪他去密西西比州克拉克斯代尔和孟菲斯的赌场玩上一把。在奥克斯福西北部的大森林里，有一间斯通家族的狩猎小屋,福克纳经常和斯通及其父亲(人称"斯通将军")到那里打猎。但大多数时候,他们两人都在谈论文学,因为斯通仍然对他门生的写作生涯寄予了厚望。

1924年,斯通认为福克纳的优秀诗歌多到可以结集出版了,便给波士顿专注诗歌出版的四海公司寄了一封询价函。该出版社同意了,但出版费用必须由他自己或别人支付。斯通承担了所有费用,并让福克纳整理出一份手稿。后来,斯通把手稿命名为《大理石牧神》,寄给了四海公司。1925年12月15日,福克纳的第一本书就这样出版了。

《大理石牧神》由十九首田园诗歌组成,这些诗将过往季节生机勃勃的生活与大理石牧神雕像进行对比。这座雕像虽然被赋予人的意识和感情,但被禁锢在石头中。牧神无法挣脱"大理石的束缚"。周围的一切真实又生动,他却无法参与,这令他悲恸欲绝。他是一个"梦想的囚徒",他渴望摆脱身上的桎梏,融入真实的生活当中,但他只能安于平静的沉默。"整个世界都在向我呐喊 / 是谁会永远被大理石束缚。"

文学中一个亘古不变的主题便是艺术相对于生命的优越性,艺术永存,而生命却是短暂易逝、注定要灭亡的。福克纳最终也会认同这个观点,但在他生活和艺术的早期,他仍然是一个醒悟的浪漫主义者。他为失去埃斯特尔而痛心,为没有成为战斗英雄而失望。他像大理石牧神一样,感叹只能远观万物却不能靠近,因此他从未体验过生活的幸福与快乐。

其实,大理石牧神是福克纳个人情感的真实写照。他抑郁,他沮丧,竟然告诉本·沃森他可能活不过三十岁。他甚至在这个时候为自己写好了墓志铭,名为《密西西比的群山:

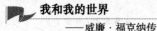

我的墓志铭》。他想象着自己已死去，被埋葬在这片他挚爱的故土里，腐烂的身体为这里的土地和草木提供养料，这是他最自然的复活方式。

尽管福克纳在各个方面都很努力，但他一直愁思满怀，这种思绪在墓志铭及许多其他青春诗歌中得到了生动的体现。

第四章
小说初创

1925 年初，福克纳取道新奥尔良，在那里停留了一段时间之后，才预订到去欧洲的船票。他已无力捍卫自己作为诗人的声誉，即使是刚出版的《大理石牧神》也是恶评如潮。所以他决定听从菲尔·斯通的劝告，紧跟罗伯特·弗罗斯特、欧内斯特·海明威和埃兹拉·庞德等作家的步伐，到欧洲寻求更好的发展。但是，此行远远比他预想的更费时，一直拖到 7 月才动身，那时他增加了一种新的写作体裁，即小说。

在新奥尔良，福克纳很快就和安德森成了朋友。安德森是一位功成名就的老作家，有关小镇生活的故事集《小城畸人》（1919）一经出版，就成为美国的经典之作。1921 年，福克纳曾在伊丽莎白·普劳尔经营的书店做过短工，是她把丈夫安德森介绍给了福克纳。离开斯通的这段时间，安德森成为福克纳的第二位师长。后来，福克纳回忆说："我们经常一起散步，他不停地讲，我虚心地听。晚上我们一起上酒吧，一直到深夜一两点，仍然是他讲，我听。"

安德森给福克纳的那点建议最后竟然奏效了。他告诉这位年轻的作家："你是一个乡下来的孩子，最熟悉的就是密西西比州里那一小块土地，那是你生命开始、事业起步的地方。"福克纳直到写出了一部战后小说和另一部藐视新奥尔良半吊子作家的小说之后，才听从了安德森的建议。从那以后，他就在家乡找到了自己的定位以及最熟悉的角色类型。

福克纳这个时候仍以诗人自居，但无疑是受安德森谈话的影响，开始越来越多地尝试散文体裁。他在当地著名报纸《时代花絮报》和新奥尔良影响力与日俱增的《双面人》文学杂志上发表了一系列随笔。这些随笔并非一部完整的短篇故事集，但其中展现出来的特征将成为福克纳小说成功的标志——包括对有趣人物类型的迷恋，用动作来描绘人物的性格特征或心理状态，磨炼出精湛的写作技巧，敏锐地捕捉细节描写的眼力。

其中一篇随笔的标题是《艺术家》，这无疑表达了福克纳立志成为艺术家的个人抱负。"在哪里，"叙述者问道，"是那肉体，满把血气方刚的大手，在大理石或声音中，在画布或纸张上，塑造着我内心的梦想，让它活下去？"该文最后写道："去创造！你们中间谁没有这股火热的激情呢，谁能知道这喜乐呢，尽管它永远是转瞬即逝的。"

来到新奥尔良的头几天里，福克纳住在安德森家的一个房间里。后来，安德森回忆起福克纳努力写作的情景时说："当我穿过走廊时，经常听到他的打字机发出哒哒的声音。"安德森写道："他总是敲个不停，早上、下午甚至深夜都能听到这种声音。"

而在奥克斯福，菲尔·斯通已经很久没有福克纳的消息了，就给他发了电报："可好？已有情人了？"福克纳回电说：

"是的,她有三万字那么长呢。"此时福克纳正在写《士兵的报酬》,这本书会在一年后作为他的第一部小说出版。这本书将献给安德森,安德森曾向自己的出版商博奈与利夫莱特公司推荐过这本书。

在安德森家久居已经让福克纳很不自在,于是他就搬进海盗巷的一套公寓。这是杰克逊广场附近的一条狭窄街道,紧邻圣路易斯大教堂。因为这种近距离接触,福克纳有了新的体验,可以走出早先成长历程中的文化和思维模式,亦即旧世界天主教与新大陆清教之间的对抗。他随后的欧洲、纽约、好莱坞等地之行将进一步扩大他的影响范围。

威廉·斯普拉特林是福克纳在新奥尔良的邻居。他是一位艺术家,也是杜兰大学的艺术与建筑学教授。斯普拉特林举办的宴会远近闻名,但有悖于禁酒法令,他鼓励宾客们大量饮酒。福克纳多次出入宴会,成为人们津津乐道之事:这个安静的小个子男人喝起酒来却很厉害,每次讲起脑袋里的炮弹残片和镀银板都会引起人们极大的同情。

在斯普拉特林的一次宴会上,福克纳遇见了海伦·贝尔德。那年她二十一岁,来自纳什维尔,是一位社交名媛。她母亲在新奥尔良东部的帕斯卡古拉有一套度假别墅,她来此度假。海伦身材小巧,纯洁无瑕,举止高雅,福克纳对她一见钟情。和福克纳一样,她也是一位艺术家,确切地说是位雕塑师。海伦没有对福克纳表现出多大好感,但她发现福克纳很有魅力,喜欢和他在一起。他们常在海滩上散步闲聊或者一起游泳、出海航行。他们也会坐在后院门廊,聊个不停。福克纳搬到了斯通家在帕斯卡古拉的小屋里,这样他就可以离海伦更近,能经常见到她。福克纳开始为她写诗,就像为埃斯特尔写诗一样。

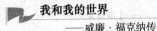
正如福克纳当初为埃斯特尔所做的那样,他又精心制作了一本名为《海伦求爱记》的诗集,准备献给他的心上人。这本诗集含有十五首十四行诗,全部由福克纳用隽秀的艺术字书写而成,其中一首描述海伦游泳的样子。还有一些诗赞美她的身材,包括"她的腿部线条"和娇小的胸。另有一诗设想的是未来的新郎与丈母娘会面的情景。所有的诗都表达了福克纳对海伦真挚而强烈的爱,既有身体上的,也有精神上的。有一首诗写道:"有她在,他是那么安详。"

不过,福克纳那年春夏在新奥尔良所做的大部分事情,就是完成了小说处女作《士兵的报酬》。这部小说描写的是在第一次世界大战中受重伤的飞行员唐纳德·马洪返乡等死的故事。虽然小说以佐治亚南部小镇查尔斯敦为背景,但与其说它是一部"南方"小说,不如说它是一部美国"迷惘的一代"小说,讲述了受伤老兵重返麻木家园的困境。其中只有退伍军人乔·吉利根和护士、战争寡妇玛格丽特·鲍尔斯对垂死的马洪表现出真正的同情。不用说其他人,连马洪的父亲都对马洪不闻不问,一味沉浸在自私自利中,对马洪的悲剧命运置之不理。

1925年6月底,福克纳写完《士兵的报酬》之后,就把手稿寄给了博奈与利夫莱特公司,开始了好事多磨的欧洲之旅。在斯普拉特林的陪同下,他于7月7日登上了一艘开往热那亚的货轮。这段行程花了大约三个周的时间,福克纳几乎无时无刻不在想念海伦·贝尔德。抵达热那亚后,斯普拉特林动身前往罗马,福克纳则前往拉帕罗,也许是希望见到在那里居住的埃兹拉·庞德。显然,福克纳的羞怯阻碍了他与这位著名诗人的交往。

福克纳在写给母亲的几封信中详细描述了他的欧洲之

行,先是途径意大利和瑞士,最终到达巴黎和伦敦。到了帕
维亚,他享受着鹅卵石铺成的窄巷和村民们悠闲的生活方
式。在米兰,宏伟的大教堂让他想起了"石花边"或"凝固的
音乐"。斯特雷萨和马焦雷湖风景宜人,但有太多的美国游
客。他乘火车穿越瑞士,途经蒙特勒和日内瓦,观赏了勃朗
峰,于 8 月 13 日抵达巴黎。

福克纳和斯普拉特林在巴黎重聚了,但斯普拉特林很快
回了美国,福克纳继续留在巴黎。他在卢森堡公园附近租了
一间公寓,喜欢看那里的人和景。孩子们在水池里划船,老
人在玩槌球。他还参观了巴黎所有的旅游景点,包括埃菲尔
铁塔、卢浮宫、凯旋门、圣母院大教堂、凡尔赛宫、巴士底狱和
蒙马特高地。他厌倦了城里的生活,就去乡下逛逛,去了图
雷因、布列塔尼和其他地方。

美丽的卢森堡公园里,宽阔的林荫道两旁挺立着高大的
栗子树。偌大的巴黎虽好,但福克纳唯独喜欢这里。"我现
在已经把卢森堡公园当作我的花园了,"他给母亲写信说。
"我坐那儿写作,偶尔走动走动,看看孩子们嬉戏,看人们打
门球。我还随身带着一块面包,喂喂麻雀。"

他朝拜了奥斯卡·王尔德的坟墓,并远远地"瞧见"了
正坐在露天咖啡馆里的詹姆斯·乔伊斯,福克纳后来称他是
"被神火电死的天才"。福克纳蓄着浓密的胡须,美国摄影师
威廉·奥迪奥恩为他拍摄了这样一幅经典照片。两人在新
奥尔良时便已结识,奥迪奥恩当时居住在巴黎。

和往常一样,福克纳无时无刻不在写作。有一篇作品令
他特别自豪,可至今仍无法辨别具体篇目。他在写给母亲的
信中说:"我刚刚写了一篇两千字的美文,写的是卢森堡花园
和死亡,现在早已狂喜不已。故事情节很缜密,主角是一个

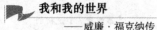

年轻女子，虽然是以散文形式写成，事实上却是诗。我已经写了整整两天，每一个字都很完美。"①

福克纳仍在不停地为海伦·贝尔德写诗，此时他开始写一部基于他俩经历的小说。这本名为《埃尔默》的小说始终没有完稿，但残篇在作家去世之后出版了。小说的主人公是一位年轻的艺术家。就像福克纳最喜爱的诗人约翰·济慈那首诗《希腊古瓮颂》中的叙述者一样，他敏锐地意识到变化和死亡的存在，因而对"向时间永恒说'不'"的不朽艺术作品赞叹不已。福克纳开始写作另一部小说，讲述他在新奥尔良遇到的艺术家和准艺术家。这本名为《蚊群》的书于次年完成，作为他的第二本小说出版。

10月初，福克纳离开巴黎到英国逗留了一个星期。他喜欢参观白金汉宫、威斯敏斯特大教堂、伦敦塔等著名景点，以及"本·琼生、艾迪森和马洛曾经坐下来聊过天的所有老咖啡馆"，但他不喜欢"油腻"而"充满煤烟"的雾。他还看到许多乞丐和失业的年轻人，这让他很难过。"他们卖火柴盒，演奏乐器，在人行道上画彩色粉笔画，为了几个铜币去偷盗。"

肯特郡环境优美，那里山峦起伏，草地碧绿，羊羔遍野，小路两旁绿树成荫。"我此刻正在阳光最静谧怡人的国度，"他写道："难怪约瑟夫·康拉德能在这里写出好书。"

尽管如此，福克纳发现英国消费比法国高太多，就缩短了游历行程，回到巴黎。他准备离开伦敦时，突然有一种奇怪的预感。"昨天我醒来的时候，有一种非常强烈的感觉，觉得即将发生一件很怪异的事。我坚信会有什么消息，要么非常好，要么非常坏。"

结果真是个好消息。回到巴黎时，他得知博奈与利夫莱特公司已经同意出版《士兵的报酬》，还随信收到一张二百美元的预付版税支票。

福克纳急于庆祝他的第一部小说出版，预订了开往纽约的船票。到达之后，他参观了新出版社的办公室，向一位支持出版《士兵的报酬》的编辑表示感谢。然后，令他大为吃惊的是，他偶遇了海伦·贝尔德，她正在纽约出售自己的一些艺术品。福克纳欣喜若狂，但海伦对他却冷若冰霜，嫌弃他胡子拉碴、蓬头垢面的样子。

福克纳在海伦那儿碰了一鼻子灰，便乘火车回乡与家人团聚，等待他的第一部小说问世。尽管海伦最近对他很冷淡，但福克纳仍然对她着迷。现在他通过写散文来表达自我，搁置了诗歌。他写了一则寓言故事，讲的是中世纪一位来自亚瑟的加文爵士在两位名叫饥饿和疼痛的随从陪伴之下，外出历险寻找完美女性的故事。一路上加文爵士遇到三位公主，但都不符合他的期许。最后，在圣方济各建议之下，他纵身跳进忘忧溪，发现唯一符合他所有期许的竟然只有"死神妹妹"。福克纳把这则故事命名为《五朔节》。矛盾的是，他在故事中暗示了重生和希望，又表露出自己军旅生涯所品尝的痛苦。

福克纳制作了一份手写稿，画了两幅水墨画放在扉页，又画了三幅整页水彩画当作插图，最后把这本小书装订在附有斑驳纸张的薄板上。他给海伦写的献词是："致／你这个蕙质可爱的人儿／这封信：黑暗中的摸索。"

不幸的是，当福克纳一个月后把礼物献给海伦时，她已经和盖伊·莱曼订完婚了。再一次，福克纳心爱的女人嫁给了别的男人。

《士兵的报酬》出版于1926年2月25日，评论基本向好。

"这部小说堪称精彩，"一名评论人士指出；"这是今年最值得关注的首作，"另一种评论说。《纽约时报》刊登的书评提到了这本书的实验性设计，说它是"智慧与怜悯的完美结合"。然而，在福克纳的家乡，人们表达了异见。他父亲干脆拒绝阅读，因为他听说书中有些内容令人生厌；就连斯通赠送给密西西比大学的那一本也被拒收了。

福克纳在奥克斯福逗留了几日，又顺路到孟菲斯看望朋友，然后前往新奥尔良，住进朋友斯普拉特林租的一套公寓中。他仍然期望能挽回海伦的爱。此外，他觉得留在这里很有用，因为这座城市为他在法国动笔的小说提供了背景和人物，现在他想留下来潜心写作。

这一次，他在新奥尔良的生活变故很大，因为安德森不再是他的良师益友。尽管他曾向博奈与利夫莱特公司引荐过福克纳，但现在却对福克纳产生了深深的敌意。有人认为这纯粹是出于对艺术的嫉妒：安德森是一位老作家，他的名气和造诣已大不如前，而福克纳是一位前途无量的新晋作家。另一些人认为，福克纳在报纸上发表了一篇关于安德森及其作品的负面评论，中伤了安德森。② 此外，他们之间还存在地区差异和忠诚度的问题：安德森是北方人，在种族问题上对南方非常不满；当家乡遭到攻击时，福克纳往往会有些捍卫性的反应，有时甚至反应过度。他们多次讨论该话题，不管个中原因到底为何，两人已经走到对面不相识的地步。1926年中，安德森搬离新奥尔良，前往弗吉尼亚居住，从此与福克纳断了联络。

其实，真正使福克纳和安德森友情破裂的事件是，1926年末福克纳和斯普拉特林合编了漫画集《舍伍德·安德森与其他克里奥尔名人》。斯普拉特林为四十一位生活于法国区中举足轻重的人物各画了一幅漫画，其中一幅嘲讽了两位作者本人；福克纳分别加了标题，并模仿安德森的风格写了前言。很多艺术家喜欢这本漫画集的轻松讽刺和小幽默，但安德森对自己帮助过的这位年轻人"恩将仇报"的做法很是失望。

福克纳一心扑在《蚊群》的写作上，这部小说于 1927 年 4 月出版。该作品几乎毫无情节可言，主要围绕新奥尔良恰尔恩特湖一艘游艇上为期四天的派对展开。参加派对的人以福克纳在法国区结交的朋友为原型：有小说家、诗人、雕刻家、画家、批评家、艺术品店老板娘、商人、私酒犯以及一对酷似海伦·贝尔德与兄弟肯尼斯的兄妹。小说主要讲的是游艇意外发生搁浅，所有人都成了蚊群的牺牲品。当然，这不是动作片，而是一部思想小说。"说，说，一直说，"其中一个人物（和多数读者）如此抱怨；但正是对话显示了这部小说的巨大价值。

从福克纳未来成就的角度回顾《蚊群》，我们可以在他的第二部小说中看到福克纳关于生命、艺术、人物和技巧的探索。这在今后的职业生涯中会以这样或那样的方式用到。阅读这部小说的最佳方法是想象自己正在阅读一个创意写作研讨会的记录。只要看一下书中几段主要的引语，就能发现福克纳所思考的问题。

　　"天才，就是一个严厉的包工头，不是吗？……走在一条漫长而孤独的路上。

　　"人的一生，世事难料；现实生活中万事皆可为。只有在书中，人们才必须按照行为的任意规则和可然律来行事。

　　"这就是你困惑的根源，道森，你认为创意写作的功能取决于地域。

　　"所有诗人都认为写散文的作家都是在逃避现实，不是吗？

　　"我不认为语言本身有生命。但是，如果把某些词语快乐地结合在一起，就会产生有生命的东西……

　　"江山易改，本性难移。人的行为在不同条件下产生不同结局，但人性一成不变。

　　"一旦对爱情失望，不要自杀，而应该去写书。

　　"除了爱情和死亡，还有什么值得付出努力去写作，还可能遭受绝望？

　　"所有艺术家都有点疯狂，难道你不这样认为吗？

　　"现代诗人的诗歌就像一双鞋，只有那些脚形像鞋匠的脚的人才能穿；但那些老作家却生产了所有人都能穿的鞋子。

　　"艺术勾起我们对青春的回忆，令人想起生活中并不需要时不时抬头就会发现美感的那个时代。

　　"对于艺术而言，一个人可以在没有任何帮助的情况下进行创作：他所做的一切都是他自己的。我承认这是一种变态，那种创立《大宪章》和写出《李尔王》的变态是一件相当好的事情。

　　"但丁创造了比阿特丽斯，为自己塑造了一个生活中没时间去寻找的少女，把人类历史上无法实现的欲望的全部重担都压在她那脆弱而又不屈的肩上。

　　"艺术是心灵的受难日，是那永恒祝福的瞬间……在心灵的被动状态中，即在那种大脑与之毫无关系的被动状态中，存在构成这个世界上的爱、生、死、性和悲伤的平常诸事，它们以完美的比例偶然地融合在一起，呈现出一种灿烂而永恒的美。"

从整体上看,《蚊群》是对那些想成为艺术家的人们的一种讽刺性攻击。这些人经常高谈阔论,却没有创造出任何艺术品(雕刻家高登是书中唯一真正的艺术家)。上文提到的很多话都带有冷嘲热讽的意思,但其中一些无疑反映了福克纳的真实感受。所有这些(以及书中许多其他类似评论)都促成了福克纳在从诗歌转向小说、思考他未来作品的形式和内容过程中所进行的严肃自我对话。

没有人能从《蚊群》中读出一个好故事,但是每个对福克纳作为艺术家的成长和发展感兴趣的人都应该阅读这本书。福克纳的第二部小说是丰富的矿脉,在未来几年里,他将从中挖掘出大量的宝藏。

注解:

① 有些批评家认为这一篇文章可能构成《圣殿》末尾那段描述谭波尔·德雷克在卢森堡花园一幕的基础。

② 这篇文章名为《舍伍德·安德森:一点评论》,最初发表于《达拉斯晨报》。福克纳认为安德森是一位重要且影响力巨大的作家,但批评他的作品数量不多,称他是"只出过一两本书的人"。

第五章

约克纳帕塔法诞生

1926 年底至 1927 年初，福克纳听从安德森的建议，开始创作关于"密西西比州里那一小块土地"①的一系列故事和小说，这将成为他的约克纳帕塔法编年史。几乎同时，来自社会经济领域的两个故事激发了他的想象力。

第一个故事是他从菲尔·斯通那里听到的有关乡巴佬崛起的荒诞故事，讲的是斯诺普斯家族这个无德、贫穷的白人家族开始取代古老的贵族阶级的故事。灵感来自旧约中希伯来人寻求应许之地的故事，这是福克纳对《圣经》叙事第一次具有讽刺意味的颠倒。这个家族中的主要成员弗莱姆·斯诺普斯通过各种不道德的手段当上了杰斐逊镇一家银行的行长。

另一个故事原题为《坟墓里的旗帜》，主要讲述了作为县里贵族之一的沙多里斯家族的衰落，在很大程度上仿效了福克纳自己的家族轨迹。老族长约翰·沙多里斯曾和威廉·克拉克·法克纳一样，在内战中担任上校，修建铁路，最后死于前商业伙伴之手。他的儿子是杰斐逊镇另一家银行的行长，两个孪生孙子都是第一次世界大战中的飞行员。在沙多里斯的故事中，掺杂着许多贫穷的白人、自耕农以及福克纳每天在奥克斯福和邻近乡下看到的非裔美国人。

多年以后，福克纳回顾并反思他虚构约克纳帕塔法的起源时说："我发现我故乡那邮票般大小的土地值得好好写一写，即使我写一辈子也写不尽那里的人和事，而且，通过把真实东西升华成虚构的，我可以充分挖掘我的潜能。它为我开辟了书写他人的'新大陆'。"由此看来，安德森是对的，福克纳听从这位年长作家的建议是明智的。

1926年圣诞节，福克纳回到家中，搬到他父母在学校里的大房子里，决定不再离开奥克斯福。既然海伦·贝尔德已嫁人，新奥尔良也就不再那么吸引他了。他的另一个老相好埃斯特尔·奥多姆·富兰克林回到了奥克斯福，并且还带着两个孩子——维多利亚（"周周"）和马尔科姆。埃斯特尔这时已与丈夫分居，就住在她父母家中，等待法院宣判离婚。很快，她又和福克纳见面了。

福克纳对《父亲亚伯拉罕》的无确定情节结构颇为不满，他干脆把手稿放在一边，全身心地投入《坟墓里的旗帜》中。小说中穿插了他熟悉的人物。除了重拾曾祖父的事业轨迹，他还基于祖父的形象创造了贝亚德·沙多里斯，基于霍兰德姑妈创作了詹妮·杜普雷姑妈。福克纳家族的用人内德·巴尼特为西蒙·斯特罗瑟提供了人物原型；菲尔·斯通和本·沃森都从霍拉斯·本博的身上看到了自己的影子。福克纳弟弟杰克的鲁莽驾驶习惯堪比年轻时的贝亚德·沙多里斯。福克纳的自我塑造在本博的审美品位、沙多里斯兄弟对飞机的热爱以及小贝亚德的宿命论中有所体现。

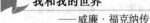

《坟墓里的旗帜》是一个关于衰败、失落和悲伤的故事，跨越沙多里斯家族四代。小说从约翰·沙多里斯上校在内战和重建时期的英雄事迹开始，到他儿子贝亚德在十九世纪末二十世纪初的生活和事业，再到第一次世界大战期间及战后约翰和小贝亚德兄弟的自我毁灭行为，最终至小贝亚德儿子的诞生。这本书最重要的主题是由全知叙述者表达出来的。他说，沙多里斯家族代表了"一种过时的游戏，布局太迟，小卒本领难以施展，渐入死局……因为声音中弥漫着死亡的气息，裹挟着一种迷人的宿命，就像日落时分降下的银旗，或者是通往朗切沃的路上奏响的死亡号角。"②

福克纳再次回到父母家中居住，这给了他和小弟迪恩打成一片的机会。迪恩是一个像父亲一样的户外运动爱好者，一个杰出的运动员，一个友好、有魅力的人。与哥哥一样，迪恩对绘画和写作也感兴趣，威廉在这两方面都可以指导他。福克纳似乎很享受自己在迪恩面前扮演的父亲角色，或许部分原因是他敏锐地意识到自己与父亲之间的关系不够亲密。

福克纳重新追求埃斯特尔。他写了一篇名为《许愿树》的儿童故事，并做成一个手抄本，在周周八岁生日时作为礼物送给了她。其实这本书是向维多利亚的母亲求爱的礼物，当然也是送给孩子的。由于福克纳在奥多姆家待的时间太长了，镇上人称他为"奥多姆少校的侍从"。

《坟墓里的旗帜》的写作进展顺利，显然福克纳在故乡丰富的素材中找到了自己的主题和焦点。与此同时，他发现了一个同样重要的东西，这个东西后来成为他小说的标志性特征：现在与过去的相互关系。完成之后，他匆匆把手稿交给了出版社，附函洋溢着对该作的自豪感："终于，当然…… 我写完这本书了，它将令其他作品黯淡无光。我相信这将是你或任何其他出版商今年读到的最好书稿。"

但出版商传来的消息对福克纳而言犹如灭顶之灾。博奈与利夫莱特公司拒收了这本书,他们觉得故事情节太混乱,人物形象弱到乏善可陈。利夫莱特写道:"这个故事真的没有任何价值,并且结构极为松散。"也就是说,即使他进行大幅修改,也难改其貌。

对此,福克纳回之以愤怒和质疑,感觉"就像一位家长被告知自己的孩子是小偷、白痴一样"。他在给利夫莱特的信中表达了沮丧之情:"我满腹经纶,现在因为你们出版界的人说我上次寄给你们的那本书是胡扯,我都要卖掉打字机去上班了。尽管上帝都知道这是在亵渎我的天赋。"福克纳要求利夫莱特退还原稿,这样他或许可以交给另一家出版社。

福克纳在为《坟墓里的旗帜》发愁的同时,已经开始构思下一部小说了。新书纯粹是为自己而写,而不是为了迎合满脑子奇思怪想的出版商。他多年后回忆道:"有一天,我好像关上了一扇门,把自己与所有出版商的地址和畅销书单隔绝开来。我对自己说,现在我可以写作了。现在我可以给自己做一个花瓶,就像古罗马人放在床边的那个花瓶一样,亲吻久了瓶边都钝了。"③ 福克纳说,就像他的许多小说和故事一样,这部小说脱胎于一个画面:有位小女孩在爬树,树下的兄弟们看到了她弄脏的内裤。这个小女孩就是凯蒂·康普生,福克纳从那以后一直叫她"心肝宝贝"。

这部小说名为《喧哗与骚动》,它将是美国乃至世界文学史上独一无二的杰作。它从四个不同的角度讲述了康普生家族的解体:三兄弟的视角以及全知叙述的最后一章(迪尔西部分),最后一章平衡了前几章的主观性。主角是妹妹凯蒂,虽然她没有机会进行第一人称叙述,但是她左右了全书。

　　小说的前三部分由康普生三兄弟依次呈现：只有孩童智商的三十三岁男子班吉、有自杀倾向的大学生昆丁以及自私而残忍的物质主义者杰生。这几部分全都采用意识流技巧，但每一部分都出色地表达了各个叙述者的智力、观点和情感状态。第四部分抛弃了小说人物的个人情感，选择第三人称全知视角叙述故事。小说的叙述是由内而外、从主观到客观、从自我到世界的。

　　这部小说的结构是交响乐式的。交响乐会从这一乐章移到另一乐章，表达不同的情绪和观感，进而改变速度和节奏，有时引入有待进一步拓展的主旋律和主题。小说有时候会回溯性地重述早期的主题，但总是朝着最终的目标前进。《喧哗与骚动》即如此，采用了变换的语调和观感、暗示和预兆、重复和回顾，并且时间前后变换，所有这些都是有意识地塑造的，让故事构建于读者的头脑和想象中，而不是书写于纸上。这本书堪称前无古人后无来者，尤其是在班吉部分，福克纳令人信服地描绘了一个精神障碍者的心路历程。

　　尽管博奈与利夫莱特公司拒绝了《坟墓里的旗帜》，但福克纳并没有放弃。公司最终同意福克纳把手稿投给其他出版社碰碰运气。福克纳转手寄给了好友本·沃森，他是一位当时身在纽约的文学经纪人。沃森向许多编辑推荐了这本书，包括哈考特与布雷斯公司的哈里森·史密斯。史密斯很喜欢这本书，说服阿尔弗雷德·哈考特接受手稿并出版，但哈考特的条件是将该书的内容至少删减四分之一。哈考特对福克纳是否愿意或是否有能力完成这样一项任务表示怀疑，于是便请沃森进行修改。

　　福克纳同意由沃森负责删减手稿，并亲往纽约提供必要的帮助。他随身带上《喧哗与骚动》手稿，准备写完最后的章节。尽管哈考特相信没有出版商会接受这样的实验性文本，但他接受了《沙多里斯》(《坟墓里的旗帜》删减之后的标题)④，为《喧哗与骚动》的出版带来了一线希望，沃森和史密斯也站在他一边，这样他信心更足了。

在纽约，当沃森忙于修改《坟墓里的旗帜》时，福克纳完成了《喧哗与骚动》的初稿。1928 年 10 月的一天，在沃森的公寓里，他把新小说的打印稿扔在床上，说："老兄，看这个，真的是部神作。"

福克纳在纽约停留的这三个月里，帮助沃森修改《坟墓里的旗帜》，写完了《喧哗与骚动》并为其做宣传。他还向各类出版物投寄了一些短篇故事，却都石沉大海。不出所料，哈考特拒绝出版《喧哗与骚动》，但哈里森·史密斯表示，他可能有兴趣出版这本书。当时史密斯准备离开哈考特，加入一家新的出版公司。

1929 年 1 月，福克纳回到奥克斯福等待《沙多里斯》的出版，完成了《喧哗与骚动》的最后修订，并酝酿着他的下一部小说。他与埃斯特尔的关系节外生枝，尽管此时他们可能已经成了恋人。福克纳发现埃斯特尔回到奥克斯福时已是疾病缠身，失败的婚姻和旷日持久的离婚手续让她心烦意乱，嗜酒成瘾，想起自己和孩子的未来就百般焦虑，几近精神崩溃，一度处于十分危险的境地。他依然爱着她，可他能完全原谅她嫁给富兰克林吗？此外，他现在的财务状况并不比十年前失去埃斯特尔时好多少。事实上，埃斯特尔的父亲莱缪尔·奥多姆告诉福克纳，他仍然不能接受福克纳做女婿。然而，埃斯特尔的妹妹多特却持不同看法，她向福克纳施加压力，要他娶埃斯特尔，以平息当地正在疯传的有关两人亲密关系的丑闻。

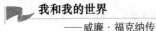

　　福克纳当时正在创作的小说《圣殿》中,精神分析学家可能会轻易地在有关谭波尔·德雷克的刻画中发现福克纳对埃斯特尔的矛盾心理(甚至是潜意识的报复)。谭波尔像埃斯特尔·奥多姆一样是个喜欢卖弄风情的女子,曾经在密西西比大学读过书。谭波尔遭受一个性无能的孟菲斯黑帮成员强奸,然后被绑架到孟菲斯一家妓院当妓女。这些细节令人震惊,而让读者更震惊的是谭波尔竟然享受她在妓院和孟菲斯黑社会中的生活。

　　福克纳后来解释说,他打算把《圣殿》写成惊悚小说。令他感到沮丧至极的是,像《喧哗与骚动》这样的巨著居然无人赏识。福克纳发誓要创作"能想象到的最恐怖的故事",相信一本关于强奸、乱伦和多起谋杀案的书会受到追求感官体验的公众欢迎。然而,当他把打字稿寄给哈里森·史密斯时,出版商回信说:"天哪,这本书要是出版了,咱俩都会被关进大牢的。"于是福克纳把手稿搁在了一边。

　　1929 年 4 月 29 日,埃斯特尔·富兰克林成功离婚,不到一个月便与福克纳完婚。但福克纳在给哈里森·史密斯的一封信中表达了他对自己处境的担忧:"我想要五百美元。我要结婚了。这两者都想做,也都不得不做。这部分要绝对保密,为了我的声誉,我觉得更是为了一个女人的理智和性命。这不是胡言乱语;我也没有被迫之意。我们一起长大,但我并不认为她可以这样愚弄我,让我相信她的精神状态糟糕,甚至到了一塌糊涂的地步……这样的情形由我造成,我听之任之,直到无法再忍。我厌倦了逃避,而这一切由我而起。"

　　作为一个离异者,埃斯特尔不能在她家的圣公会教堂结婚,于是福克纳安排了学院山长老会教堂的牧师前来主持婚礼。只有福克纳夫妇、牧师的妻子（作为证人）和多特出席了婚礼。据当地媒体报道，这对夫妇怀揣借来的钱，驾驶一辆借来的车前往帕斯卡古拉度蜜月，也时常会喝闷酒。在一次酒后争吵中，埃斯特尔走进墨西哥湾，打算一了百了。这对夫妇回到了奥克斯福，他们实现了小时候的愿望，终于结成了夫妻，但是他们非常不幸福。在共同生活的漫长岁月中，他们真的难言幸福。

1929 年 10 月 7 日，《喧哗与骚动》由乔纳森·开普与哈里森·史密斯公司出版。小说还附有一本小册子，里面有著名小说家伊芙琳·司各特的书评，她把福克纳的小说比作希腊悲剧。司各特认为，这本书代表了"对小说这门永久艺术的重要贡献"。司各特尤其喜欢班吉，那个永远单纯的角色。

其他批评家也对这部小说印象深刻。有人把福克纳与陀思妥耶夫斯基和乔伊斯相提并论；还有人认为《喧哗与骚动》可与欧里庇得斯的悲剧相媲美。著名的《纽约时报》和《星期六文学评论》也给予这部小说好评。

然而，这些热情洋溢的评论却没有带动销量。首次印刷的《喧哗与骚动》不到两千册，用了几年的时间才售完，而且这部小说十七年之内没有重印。由此作开始，福克纳整个创作生涯一直都在重复一种模式：他的书会受到其他作家和批评家的高度赞赏，但广大读者却不认可。海明威曾说，他是"一个作家的作家"，"我要是能像他那样就好了"，但他的作品却没有销路。

1929 年就要过去了，福克纳的个人生活、情感和经济状况一如既往地不稳定，但现在他发现了约克纳帕塔法的虚构世界，开始向里填充真性情的人，甚至比作家自己更真实，毕竟他每天都要与这些有血有肉的人打交道。他多次指出，在

想象的世界——"他自己的宇宙"里，他是"唯一的拥有者"，他不需要食物、美酒、性，也不需要伴侣，只有笔、纸和他自己的创造力。《蚊群》中有个角色认为，艺术的主要价值在于它能够弥补甚至消除现实世界的缺陷，即认为艺术是存在于人们心灵中的密歇根州著名的疗养院巴特尔克里克。⑤ 约克纳帕塔法系列将逐渐成为福克纳的密歇根州巴特尔克里克，他将在那里度过他的余生。只有在那里，他才能逃避世间的伤害和痛苦，才能感到真正的满足和幸福。

注解：

① 即福克纳虚构的约克纳帕塔法。这是个古印第安语单词，简写的"约克纳"至今仍然用来指代密西西比州北部的一条河流以及奥克斯福周边的一个农村社区。

② 这种游戏指的是龙赛沃克斯山口之战。该地位于法国和西班牙交界处的比利牛斯山。778年，查理曼大帝军队的大将罗兰在此役中被巴斯克人击败并战死。法国著名的史诗《罗兰之歌》中有详述。

③ 福克纳可能是从波兰作家亨利克·显克维奇（1846—1916）的《你往何处去》中学到的这个老罗马人的故事。

④ 原始的无删节版《坟墓里的旗帜》直到1973年才得以出版。

⑤ 周周曾经提到福克纳的邻居经常抱怨说，他常常在大街上与邻居擦肩而过但并不打招呼。周周还注意到自己的叔叔也抱怨过福克纳的默不作声。周周说："我总觉得他不是生活在奥克斯福，而是在杰斐逊。"

第六章

天才绽放

福克纳夫妇在帕斯卡古拉和新奥尔良度完蜜月之后回到奥克斯福，搬进了大学街新租住的一套公寓中，就在密西西比大学的东面。他们添置了家具，大部分都是埃斯特尔刚刚从火奴鲁鲁运来的。在奥克斯福，周周和马尔科姆业已入学，埃斯特尔开始以妻子和母亲的身份做家务。但蜜月期间爆发的不快很快又回来了。埃斯特尔是一个健谈、爱聚会的人，在她与康奈尔的婚姻期间，她有钱，住大房子，穿漂亮衣服，雇有用人；而福克纳是一个喜欢沉默和孤独的人，生活比较贫困。两人都爱饮酒，正如传记作家斯蒂芬·奥茨所说："不写作时是福克纳在饮酒，写作时就换成埃斯特尔饮酒了。"

福克纳每天都会去看望母亲。在接下来的三十年里，只要他身在奥克斯福，每天都要去。起初，埃斯特尔陪着他，但她很快发现，莫德看不上自家这位儿媳妇，就像莱缪尔·奥多姆看不上福克纳做他的女婿一样。菲尔·斯通认为法克纳家的孩子都极度依赖他们的母亲。父亲去世多年之后，吉尔·福克纳表达了同样看法,她说:"我想,可能爸爸关于女人或女士的观念总是以奶奶为中心。她只是爸爸崇拜的一位意志坚定的瘦弱老太太。爸爸非常欣赏奶奶身上的这一点,却没有在我母亲身上发现这一点,我想他也从来没有在其他任何人身上发现过。我想,也许包括我母亲在内的所有女性都只排在第二位。"[①]多年来,埃斯特尔和莫德·法克纳经常见面,但她们从未达到心心相悦的地步,似乎总是在争夺福克纳的关注和感情。

为了养家糊口,福克纳在大学的发电厂找到了一份夜间铲煤的工作,同时他以飞快的速度写短篇故事,但没有一篇被接纳。其中包括被《斯科布里纳》拒绝的最知名的故事《献给爱米丽的玫瑰》。这段时期,福克纳的一些作品是他上夜班的时候写的。正如他后来解释的那样:"十一点左右,人们就会上床睡觉了,所以不需要太多热量。然后我们可以休息,司炉工一般会坐在椅子上打瞌睡,而我从煤仓里找来手推车当作桌子,一墙之隔就有一台发电机。它发出一种低沉、持续不断的嗡嗡声。凌晨四点之前没活可干,但这之后我们必须清理火堆,重新烧出蒸汽。"这个时间表给了他每晚不受打扰的五个小时写作时间。

正是在这种环境下,福克纳创作了《我弥留之际》,许多批评家认为这部小说在独创性、技术精湛性和叙事强度上与《喧哗与骚动》不相上下。福克纳手稿首末页上的日期显示,他只花了四十七天就写完了这本书。

在《喧哗与骚动》中,福克纳使用了四个不同的叙述者;而在《我弥留之际》中,他通过十五个人讲述本德仑一家在约克纳帕塔法乡下度过艰难的八天旅程,全家人把妻子／母亲艾迪的遗体运到杰斐逊镇娘家墓地安葬。每个叙述者都有对该事件的想法，也只有读者才能从人物内心独白中获取他们的私密。在很多方面，本德仑一家是个问题家庭：安斯是个懒惰、无能的父亲；艾迪出轨；卡什是个孝顺但很受压抑的儿子；小说结尾处，达尔在浑浑噩噩中被送进疯人院；珠儿是艾迪与情人的私生子，性格反复无常；杜威·德尔未婚怀孕；瓦达曼则是个智力有缺陷的小孩子。然而，在小说情节发展过程中，他们承受了水患的考验，最终成功实现了既定目标。最后，安斯得到了一副假牙和一位新本德仑夫人！

1930 年 4 月，尽管经济状况不佳，福克纳还是买下了老谢戈格宅院。这是一栋破旧不堪、没人在意的战前住宅，占地四英亩，坐落在奥克斯福南郊的老泰勒路上。房子建于 1849 年，正面有四根木柱，前门上方有一个阳台。一条长长的弯弯曲曲的甬道，从街道直通房前，两旁种着高大的雪松。毗邻这处房产的是一大片被称为贝雷森林的林地，福克纳后来也将其买了下来，福克纳、埃斯特尔和小伙伴幼年时期经常到这里玩耍。该房产以六千美元的价格成交，福克纳需要每月付七十五美元的按揭款。

福克纳全家搬进这栋房子时，没有电，也没有室内管道。部分地基腐烂了，房间需要大修和粉刷。福克纳立即亲自着手大修，还找来临时工帮忙。他把这个地方命名为"罗湾橡树"。根据民间传说，罗湾橡树这个树种能够给主人带来好运气。

不久，福克纳一家又雇用了另外两个用人：卡罗琳·巴尔和内德·巴尼特，他们都曾服务于福克纳家族前几代人。巴尔是法克纳家四位儿子的保姆，而内德曾与小上校一道出

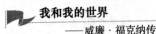
生入死。卡罗琳大妈帮助埃斯特尔做饭持家,内德叔叔看家护院,挤牛奶,照料马匹,还在社交场合担任管家。

吉尔·福克纳后来表示,她相信买下罗湾橡树对她父亲"成为重要人物"至关重要。她说:"奥克斯福的每个人都记得爷爷经营了一家马房,他曾住在这所房子里……离马房不远,这只是他对奥克斯福嗤之以鼻的一种方式……拥有一所漂亮的老房子,它有一定的实质内容,并且经得起考验。"不止一位批评家指出,福克纳和他笔下的人物弗莱姆·斯诺普斯之间具有相似之处:两人都白手起家,买下一栋漂亮的房子作为他们成功和受人尊敬的标志。②

福克纳写完《我弥留之际》,题献并寄交给哈里森·史密斯后不久,就着手修订《圣殿》的手稿。如前所述,史密斯最初认为这个密西西比私酒犯和孟菲斯黑帮的故事对普通读者而言太过震撼和色情,毕竟里面强奸一名密西西比女大学生的情节太暴力。现在,差不多两年过去了,史密斯改变了主意,决定出版这本书。但当福克纳收到并阅读校样之后,他坚持要彻底重写这本书,即使他需要自己支付由此造成的额外费用。他保留了恐怖元素,但淡化了贺拉斯和纳西莎之间乱伦的关系,重新调整了风格和结构。他对修改结果很是满意,读者也很满意。显然,福克纳对大众阅读市场上产销对路的作品心知肚明。《圣殿》于1931年2月9日出版,很快成为福克纳的第一本畅销书,五个月内重印了六次。然而不幸的是,福克纳并没有从这笔生意中赚到多少钱。出版商乔纳森·凯普和哈里森·史密斯陷入财务困境,很快就关门大吉了;结果是福克纳只拿到了全部四千美元版税中很少的一部分——有人认为不到一百美元,而其中的大部分都是他应得的。

　　然而,福克纳开始在短篇故事创作领域迎来小丰收。他终于在《论坛》上成功发表了《献给爱米丽的玫瑰》,《荣誉》则顺利登在《美国水星》上,《星期六晚邮报》也刊登了《节俭》和《殉葬》,最后一个故事或许是福克纳关于美国原住民的创作中最伟大的。从 1930 年到 1932 年,福克纳的十八篇故事出现在各大期刊上,其中的六篇外加未发表的七篇收录于 1931 年 9 月出版的故事集《这十三篇》中。

　　福克纳也吸引了海外批评家的注意。1930 年,查托和温德斯出版了英国版《士兵的报酬》,英国著名作家阿诺德·贝内特对此给予了高度评价。"福克纳是未来之星,"贝内特说。"他拥有无穷无尽的创造力、强大的想象力、令人惊叹的人物塑造能力、娴熟的对话技巧;他的写作就像天使一般。当他处于巅峰状态之时,美国任何一位同时代的明星作家都超越不了他。"1931 年,《喧哗与骚动》和《圣殿》相继出版了英国版;1933 年和 1934 年,《圣殿》和《我弥留之际》先后出版了法语译本。有趣的是,《喧哗与骚动》的第一个法语译本直到 1938 年才问世。

　　1931 年 1 月,福克纳和埃斯特尔的女儿亚拉巴马夭折,使他们本已陷入困境的婚姻受到沉重打击。亚拉巴马早产两个月,只活了九天。当时,奥克斯福当地医院没有保育箱,所以福克纳夫妇俩决定请一位训练有素的护士在家照看孩子。但是孩子的状况很快恶化,当福克纳赶到孟菲斯找来保育箱时,已经无力回天。当福克纳把婴儿夭折的消息告诉埃斯特尔时,想到她还没有来得及看上女儿一眼,他哭得伤心极了。这是埃斯特尔第一次看到丈夫哭泣。几周后,福克纳

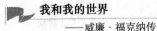

向奥克斯福的一家诊所捐赠了这个保育箱,并告知那些无力支付费用的人可以免费取用。

《圣殿》的声名远播,吸引了好莱坞的注意。福克纳那一代的好几位作家都已经在好莱坞谋得了职位。1932 年 5 月,福克纳来到被称为浮华城的好莱坞,开始在美高梅公司担任编剧。工资不错,每周五百美元,任期六周。但到合同期满时,福克纳并没有创作出任何有价值的作品,他的合同也没有续签。然而,与此同时,导演霍华德·霍克斯获得了福克纳有关第一次世界大战的短篇故事《换位》的电影版权,他说服福克纳帮忙写剧本。结果,1933 年上映的电影《命限今朝》大获成功,主演包括加里·库珀、琼·克劳福德、罗伯特·杨和弗朗肖·托内。福克纳在接下来的几年里,还在其他电影项目上与霍克斯继续合作。

霍克斯是一位猎鸟狂人,福克纳偶尔也和他一起打猎。有一次,霍克斯还邀请了著名演员克拉克·盖博作陪。谈话中,霍克斯要求福克纳说出在世的最伟大的作家。福克纳回答说:"海明威、威拉·凯瑟、托马斯·曼、约翰·多斯·帕索斯和我。"盖博被福克纳的话吓了一跳,大声说:"哦,福克纳先生,你写小说吗?"

"是的,盖博先生。"福克纳随即问道:"你是做什么的?"

1932 年 8 月 7 日,福克纳的父亲因心脏病发作去世。当他被召回家中参加父亲的葬礼时,《命限今朝》的编剧工作暂时中断。长时间以来,福克纳和父亲一直存在分歧,但在父亲晚年时期,福克纳对他非常同情。到目前为止,这两个人有很多共同之处:他们都患有各种各样的生理和心理疾病,都爱酗酒,都身陷无爱的婚姻之中。父亲去世后,福克纳成了一家之主。因此,他不得不承担起照顾母亲的责任。

除了好莱坞的薪酬,福克纳还以六千美元的价格出售了《圣殿》的电影版权。《圣殿》改拍成《谭波尔·德雷克的故事》,于 1933 年上映,由米里亚姆·霍普金斯担任主演。福克纳用其中的一部分钱从他的飞行教练孟菲斯的弗农·奥米上校那里买了一架韦科双翼飞机。福克纳一直后悔第一次世界大战期间没能在多伦多完成飞行训练,所以最近他又迷上了开飞机。他还为弟弟迪恩付费,让他学习飞行,并允许他免费使用韦科飞机。迪恩完成学业成为一名专业飞行员后,便从福克纳手中将韦科飞机买了过去,用于航空表演。

《八月之光》是福克纳最伟大的作品之一,于 1932 年 10 月 6 日出版。这部小说有三条人物主线:莉娜·格鲁夫未婚先孕后,遭到遗弃,从亚拉巴马州前往密西西比州寻找孩子不负责任的父亲;乔·克里斯默斯是个孤儿,不确定自己的种族身份,但人们认为他是黑人,为暴力所困;盖尔·海托华是一位不光彩的牧师,自幼生活在祖父阵亡于南北战争的阴影里。《八月之光》或许是福克纳对人生和人性的全面解读。克里斯默斯的悲剧故事,以被杰斐逊的暴徒私刑处死而告终。拜伦·本奇的正直、莉娜的成功找寻和海托华的救赎抵消了西蒙·麦克伊琴和多克·海恩斯的宗教狂热。《八月之光》比福克纳所写的其他任何一部作品都更真实地揭示出生命的本质在于矛盾。

福克纳那时正在努力创作一部比《八月之光》还要精彩的小说,这部小说探讨种族问题对南方历史的悲剧性影响。他最初把这本书描述为“一个激怒了土地的男人的家族被摧毁的故事”。这个男人就是托马斯·萨特潘,他白手起家,成长为南北战争前密西西比州的种植园主。但是,由于他拒绝

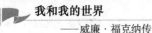
与具有黑人血统的儿子相认，导致他建立一个家族王朝的梦想破灭了。福克纳最早取的书名是《黑暗之屋》，但最终选择了《旧约全书》中大卫的挽歌："我儿押沙龙啊，押沙龙啊，我的儿，我的儿！"（《撒母尔记》下卷第十九章第四节）当时，大卫刚接收到叛逆儿子押沙龙的死讯，讽刺之处是显而易见的，也很能说明问题：大卫可以爱一个叛逆之子，但萨特潘却不能接受一个有部分黑人血统的儿子。在这种对黑人同胞的排斥中，福克纳探讨了美国南方从奴隶制时期和内战到当时这一段悲惨历史的主要成因。

福克纳不满足于把萨特潘的故事写成一部标准的历史小说，《押沙龙，押沙龙！》也确实取得了特殊效果。大约半个世纪后，许多讲述者主要是通过过去流传下来的谣言和传闻来了解所述事件，或者正如其中一位叙述者所说，是通过"老旧故事传言中的贫贱人物"。主要叙述者是《喧哗与骚动》中年轻的自杀者昆丁·康普生，他对萨特潘家族故事的痴迷不仅为小说增添了戏剧性的效果，也为前一部小说中昆丁的自杀行为和动机提供了新的线索。因此，正如他经常在约克纳帕塔法系列作品中所做的那样，福克纳建立了互文联系，其中一部小说或故事为另一部小说或故事提供了注解或评论，这是他小说创作体系的显著特点之一。

《押沙龙，押沙龙！》被称为美国文学史上最伟大的侦探小说之一。但福克纳偏向对"犯罪动机"的描写，而非以"擒拿嫌犯"为最终目的。读者在故事的开头就知道亨利·萨特潘杀了查尔斯·邦，但直到小说的结尾才知道杀人的真正动机。与此同时，不同的叙述者对谋杀案的起因提出了相互矛盾的解释。因此，小说中某一点看似真实的东西后来被证伪，这种模式一直重复，直到最后谜底被揭开。一位早期的评论家评论这种技巧说,福克纳"讲故事的本能就像作家的一条猎狗一样,在猎物周围不停转圈"。

《押沙龙,押沙龙!》是一本极其缜密而复杂的小说。福克纳发现,要完成这部小说比他任一作品(除了他花了十年时间才完成的《寓言》)都更具挑战性。可以理解的是,他偶尔会从萨特潘的故事中抽出身来从事其他项目,原因和往常一样:他手头拮据。他向《星期六晚邮报》和其他杂志售出了一些短篇故事,并从其中挑选十四篇出版了《马丁诺医生》,这是他的第二本短篇故事集。

福克纳的飞行执照到手后,他进行了多次完美的单飞。他还经常和兄弟们——约翰和迪恩一起参加航展。里普利的一场巡回演出广告宣传的是"威廉·福克纳的空中马戏团"。福克纳还和迪恩及奥米一起驾乘韦科飞往纽约,面见他的出版商。

1934年2月,福克纳参与了新奥尔良蜀山机场的命名典礼,其中一项活动便是飞行表演。整个赛程中多次发生撞机事故,其中一次事故中甚至有飞行员不幸丧生。福克纳痴迷于飞行表演。飞行员的生活险象环生且漂泊不定。多年后福克纳回忆说:"虽然那些疯狂的小飞机在乡下横冲直撞十分危险,飞行员仍然希望挣够生活费到下一个地方继续比赛。"

看完新奥尔良航展后,福克纳把《押沙龙,押沙龙!》的未完手稿放在一边,转而写一本关于飞行表演的小说。福克纳后来解释说:"我在《押沙龙,押沙龙!》的写作过程中遇到了麻烦,不得不暂时停下来。"不同于《押沙龙,押沙龙!》,《标塔》进展得很快,于1935年3月25日出版。故事以主角之一罗杰·舒曼的死亡告终,他死于一场与新奥尔良航展事故类似的空难。

几个月后，罗杰·舒曼虚构的命运被证明是一个充满悲剧性的预言。1935年11月10日，在奥克斯福以东三十英里的庞托托克举行的一次航展上，迪恩·法克纳和另外三人死于空难，驾驶的正是福克纳卖给他的韦科飞机。福克纳驱车前往庞托托克，护送弟弟的遗体回到奥克斯福，当时福克纳经历的事情困扰了他的余生。"迪恩严重毁容，"福克纳后来说："整整一夜，我和殡仪师试图把浴缸里弟弟遗体的脸弄得稍稍像样些。"此后数个月内，福克纳一直遭受噩梦的困扰，他永远不会原谅自己鼓励迪恩成为一名飞行员，而且允许他把韦科买了过去。

迪恩留下了怀孕四个月的露易丝。当女婴出生时，她随父亲起名为迪恩。③福克纳成了她的养父，在她童年时代抚养她，不时接她过去住在罗湾橡树，为她支付学费直到她出嫁。对他的侄女来说，福克纳永远只是"爸爸"，就像他在吉尔、马尔科姆和周周心目中的一样。

福克纳除了失弟之痛外，婚姻矛盾不断升级令他更加悲伤。埃斯特尔仍然觉得很难适应福克纳的写作习惯，因为他大部分时间都生活在私人世界中。当福克纳有写作任务时，吃饭也会一言不发。福克纳在罗湾橡树额外建了一间屋子，他自称这间屋子为"办公室"，经常躲在里边写作。埃斯特尔忙于家务，但有时也会出去吃饭、会友、聚会、跳舞和旅行。她会弹钢琴，也乐于绘画，但这些活动并未减轻她的极度无聊感。和福克纳一样，她也酗酒，尽管两人各怀不同的想法。

1933年，这对夫妇有了他们唯一幸存的孩子。吉尔的出生增进了两人的亲密关系，但好景不长，伤害、愤怒和相互指责接踵而至。埃斯特尔寅吃卯粮，因为昂贵的衣服和家具欠下了巨额债务。由于她挥霍无度的生活方式仍在持续，福克纳在奥克斯福和孟菲斯的报纸上登载启事，表示将不再为她的债务负责。

1935 年 12 月，福克纳响应霍华德·霍克斯的号召，回到好莱坞协助编剧乔尔·塞尔为以第一次世界大战为主题的电影《光荣之路》撰写剧本。这部电影于 1936 年上映，如今被认为是一部经典战争片，部分原因是霍克斯在影片中加入了真实的战斗场景。福克纳和塞尔共同获得了剧本的银幕署名权。

在《光荣之路》创作期间，福克纳遇到了在霍克斯办公室里做秘书兼编剧的梅塔·卡朋特。福克纳很快为之倾倒。梅塔时年二十八岁，身材婀娜，出落得亭亭玉立，言谈举止颇有涵养。她原籍是密西西比，在密西西比三角洲的图尼卡长大，后来离开家乡。她早年婚姻不幸，只得离婚，如今正以一名独立的职业女性身份在好莱坞闯荡。梅塔从事电影行业长达五十年，职业生涯中曾做霍克斯和迈克·尼科尔斯等导演以及理查德·伯顿和伊丽莎白·泰勒等明星的助理。1969年，她还参与了福克纳小说《掠夺者》的拍摄。

福克纳和梅塔很快坠入了爱河。福克纳在家里的时候不快乐，到了好莱坞竟又倍感孤独和不安，所以他对婚外恋持开放态度。在梅塔后来写的书中，她提及这段感情时说："我可以让他暂时忘记远离家乡之苦。我们一起重建了属于我们自己的南方。这使得远离奥克斯福的日子得以维系。"

开始时这不过只是一段偶然的恋情，但很快两人严肃认真起来，这段感情断断续续地持续了二十五年。福克纳坦承他对梅塔的爱，并承诺他会在与埃斯特尔离婚后娶她为妻。他告诉本·沃森："她就是我要爱的女孩。我无法把她从脑海中抹去。我也不想……我想和梅塔结婚。"福克纳告诉梅塔,离婚唯一的阻碍是吉尔的监护权问题。对梅塔而言,她全身心地投入福克纳的怀抱,答应等他。

福克纳在好莱坞继续创作《押沙龙,押沙龙!》。他通常会在大清早写作,然后到电影公司上班,接着干编剧工作。大功告成之后,他把手稿交给了同为编剧的大卫·亨普斯特德,并说:"我认为这是迄今为止美国人写得最好的小说。"回到奥克斯福后,他对手稿做了最后的修改,最终该书于1936年10月26日出版。

《押沙龙,押沙龙!》是福克纳主要作品中第一本由兰登书屋出版的作品,该出版社已经把福克纳早前的出版商哈里森·史密斯和罗伯特·哈斯邀请过来共事,拓展了公司规模。兰登书屋的老板贝内特·瑟夫已经对福克纳有意好几年了,有一次对福克纳说,如果福克纳有意与兰登书屋签约,他可以当即开支票给福克纳。瑟夫在给福克纳的信中写道:"我们更热切地希望你能加入我们,而不是与生活在美国的其他小说家们合作。"后来,瑟夫解释说,他们没想到他会在商业上取得成功,但他的名字可能会成为兰登书屋名单上最令人瞩目的那一个。当然,最终兰登书屋和福克纳的合作让双方都获得了丰厚的回报。④

福克纳加入兰登书屋后一个意想不到的收获是他与萨克斯·康民斯的亲密友谊。这位编辑最初被派去编辑福克纳的作品。作为兰登书屋的次要合伙人,康民斯并不被人看重,更得不到充分的赏识。具有讽刺意味的是,与康民斯共事的两位重要作家尤金·奥尼尔和福克纳后来都获得了诺贝尔奖。⑤康民斯和福克纳很快一拍即合。在之后的若干年里,康民斯成了福克纳的知己、顾问和恩人。有一次,患有严重心脏病的康民斯冒着生命危险,在纽约的一家酒店里看护醉酒昏迷的福克纳。福克纳晚年是如此幸运,能够得到康民斯这样一位密友。

尽管福克纳在好莱坞赚了不少钱,但他仍然债台高筑。而且,考虑到语言的难度,《押沙龙,押沙龙!》不太可能销量太好。福克纳认为,也许他能写出一本更受欢迎的书。他用一种后来在创作《村子》和《去吧,摩西》时使用的写作风格,重复使用了一些杂志发表过的故事,对它们进行了再加工,并将它们合成了一部小说。这本书写的是约翰·沙多里斯和米勒德奶奶在内战和重建时期的故事,也讲到贝亚德·沙多里斯和他的非裔玩伴林戈共同成长的经历。在此基础上,福克纳又加了一个名为《马鞭草的味道》的终章,这是福克纳最优秀的作品之一。小说《没有被征服的》最终于1938年2月15日出版。福克纳晚年一直向读者推荐该作。对于有志于深入细读福克纳的读者而言,可以经此作入门。

注解:

① 别兹雷德斯的《威廉·福克纳:纸上的一生》,安·阿巴迪编,密西西比大学出版社1980年出版。

② 已有不同学者注意到这一点,如约瑟夫·乌尔果的《福克纳的伪经:〈寓言〉〈斯诺普斯〉和人类的反叛精神》,密西西比大学出版社1989年出版。

③ 迪恩·福克纳·威尔斯用一本书描述自己和福克纳的关系,即《每日艳阳边:追忆密西西比州的福克纳》,克朗出版社2010年出版。

④ 兰登书屋曾于1931年出版一本限量签名的短篇故事——《沙漠里的牧歌》。

⑤ 奥尼尔获得了1936年的诺贝尔文学奖(1937年颁发),福克纳获得了1949年的诺贝尔文学奖(1950年颁发)。

第七章

农场主作家

1938 年，福克纳以两万五千美元的价格把《没有被征服的》电影版权出售给美高梅影片公司，并用其中一部分钱买下了一个农场。农场坐落于奥克斯福西北方向十七英里处，占地三百二十英亩，山坡和洼地上覆满了灌木丛。福克纳为其取名为格林菲尔德农场。

农场原属于乔·帕克斯，这位农场主前些年搬到奥克斯福，后来买下默里·法克纳的房子，并最终夺取了福克纳祖父的银行。福克纳的这次交易带有些许报复的性质。他甚至把乔·帕克斯作为笔下最著名的反派之一弗莱姆·斯诺普斯的原型。

买下格林菲尔德农场之后，福克纳得以延续自己的家族传统。他父亲有一个农场，正如他祖父和曾祖父一样。但福克纳想要拥有农场的原因非常独特——他总觉得自己与土地之间存在精神共鸣。现在他终于可以在这片土地上自由地骑马打猎，完全沉浸于四季更替的美景中了。约翰·福克纳认为,他哥哥买下农场还出于另外一种考虑:"比尔在这里发现的不仅仅是个农场,他还发现了笔下的人物——山民。"不管怎样,拥有格林菲尔德农场让福克纳心满意足。"我不是个文学家,"自此之后他挂在嘴边的话便是:"我只是一个喜欢讲故事的农场主。"

福克纳雇了他弟弟约翰来管理农场。约翰建议他养牛,但是福克纳更喜欢骡子。福克纳在第一本约克纳帕塔法小说中写道:"棉花田里的辛辛纳图斯们应该反思自己卑微的身份,荷马们则要歌颂骡子和拥有骡子的这片南方土地。是他,而不是任何其他生物或东西,在其他生物对这个环境里令人失望的主宰者踌躇犹豫时,仍对土地忠贞不渝。无论怎样令人心碎的环境都不会影响他。他的狠毒攻击、耐心和对当前情况的关注,为南方赢得了铁蹄下的复兴,让南方由卑微变得骄傲,从逆境中获得了勇气。"尽管福克纳十分喜爱骡子,但在南方农场上骡子早已被拖拉机取代,养骡子实在是个糟糕的商业决策。但福克纳固执己见。约翰回忆道:"他说自己对牛没有好感。他想要传种母马和一个有骑具的马具房。最后我们还是养了骡子。"

约翰找了一批非裔美国人佃户,福克纳也聘请内德·巴尼特叔叔加入。和卡丽大妈一样,内德叔叔就像是福克纳的家人。1940 年,福克纳在最后一次修改遗嘱时,增加了让内德叔叔在格林菲尔德农场终身免费居住的条款。这项条款和福克纳之后的小说《去吧,摩西》中卡罗瑟斯·麦卡斯林为卢卡斯·比彻姆立的条款十分相似。但内德叔叔没有在农场里一直住下去,他晚年很想回到家乡里普利。福克纳把他送回家乡,并继续为他提供资助。

福克纳一家在农场开了一个杂货铺为佃户们提供日用

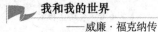
品。一次，在参观农场时，福克纳注意到约翰提高了商品的价格，约翰解释这是因为供应商涨价了。福克纳让约翰恢复原价："价格上涨并不是这些黑人的过错，咱们不要以此方式惩罚他们。"

福克纳在农场还建了一个私人小屋，用来留宿过夜的拜访者，自己偶尔也在里面阅读和写作。小屋坐落在长长的斜坡上。福克纳可以坐在带棚门廊前，整个农场上佃户们的踪迹尽收眼底。

即使福克纳十分享受农场主的身份，他的文学创作也没有耽误，还取得了巨大的进步，他写完了《我若忘记你，耶路撒冷》。兰登书屋的所有编辑都反对这个引用自《诗篇》第137章的标题。最终，福克纳听从了编辑的建议，把标题改为《野棕榈》。书中展示了福克纳一直追求的叙述形式实验，也就是两个不同的故事交替出现在不同章节中。经过周密分析人们会发现，两个故事又是紧密相连的，同为爱情、逃离和监禁的主题在夏洛特·里滕梅耶与哈里·威尔伯恩的故事以及高个子罪犯的章节中均有所体现。福克纳把这种表达方法称为"对位"，借鉴了源于乐曲创作的"对位法"这一概念。

1939年1月，福克纳入选全国文学艺术学院院士。当月23日，他作为封面人物登上《时代》周刊，杂志还刊登了关于他生活和作品的文章。尽管福克纳平时很少公开露面，但这次他和文章作者罗伯特·坎特韦尔合作得十分愉快，或许因为坎特韦尔也是一位作家的缘故。福克纳约坎特韦尔在孟菲斯碰面，驾车载他到奥克斯福，聊了老上校和自己的故事，并把坎特韦尔介绍给卡丽大妈。他甚至让坎特韦尔拍了自己和吉尔骑自行车的合照。这是福克纳为数不多的几张绽放笑容的照片之一。

这一时期，福克纳的一位老朋友来信向他求助。菲尔·斯通的父亲去世后留下了一笔巨额债务。斯通需要几千美元来保住房子不被拍卖，于是向福克纳寻求帮助。尽管福克纳自己并不富裕，他还是无法拒绝帮助这个于公于私都对自己十分重要的朋友。他从兰登书屋要到了预付版税，并取现了一份人寿保险单，一共给了斯通六千美元。斯通一直没有归还这笔钱，福克纳也从没主动要他还过。

福克纳有时在农场和约翰、约翰的儿子吉米、周奇一起猎鸟。他也会为所有佃户和宾客在农场举办独立日烧烤宴会。工人们在地上挖一个洞，填满山核桃木后点火。福克纳就在一旁帮忙烤肉，并均匀涂抹自己特制的酱料。佃户和客人一起坐在树下，享用美食，畅饮美酒。

福克纳写了一本最初题为《农民们》的书。这个题目源自他最喜欢的一个作家——法国作家奥诺雷德·巴尔扎克的多卷本小说集《人间喜剧》，因此该小说也常被认为是福克纳约克纳帕塔法系列的一个样本。1940年出版的《村子》是斯诺普斯家族三部曲中的第一部。《村子》脱胎于福克纳在多年前写就的《父亲亚伯拉罕》，再加入一些最近写的短篇故事来充实斯诺普斯的故事。福克纳描述了弗莱姆·斯诺普斯的崛起，追溯到了《烧马棚》中佃户那个精明又奸诈的儿子。弗莱姆在威尔·瓦纳的乡村小商铺中当店员，他和瓦纳达成协议，娶了他未婚先孕的女儿尤拉。他还勾结一个得克萨斯人一起出售野马给邻居，通过古老的"请君入瓮"小把戏欺骗他人。小说最后，弗莱姆取代了瓦纳成为法国人湾中最有权势的人，并准备去杰斐逊迎接更大的挑战。《村子》是福克纳最有趣的书之一，或许也是最被低估的一本。

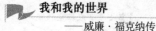
福克纳在创作斯诺普斯的故事时，也不得不"为稻粱谋"，创作短篇故事投稿给各大刊物。《烧马棚》是福克纳最好的故事之一，刊登在《哈珀斯》杂志上；《水域上的手》刊登在《星期六晚邮报》上。福克纳急需这笔钱，因为救济菲尔·斯通使他再次濒临破产。

1940年1月，卡丽大妈——福克纳的"另一位母亲"——去世了。她的葬礼就在罗湾橡树的大厅里举行。福克纳致了悼词。"从她那里，"福克纳写道："我学会了说真话，不浪费，关心弱者，尊重长者。"她表现出"对非己家庭的极度忠诚，对并非己出的子女关爱有加"。福克纳总结道："如果真有天堂，她一定是去了那里。"卡丽大妈葬在圣彼得墓地，离福克纳家族的墓地不远。她的墓碑上写着："卡丽大妈／她的白人儿子／祝福她。"

在等待《村子》出版的过程中，福克纳重新开始了"为稻粱谋"，写故事卖给杂志社。其中一部分故事或许受到了他对格林菲尔德农场的管理以及他与非裔美国人亲密关系的影响。在麦卡斯林家族四代人和黑人的故事中，有一些与异族通婚的亲戚生活在麦卡斯林庄园。还有一些故事，比如《熊》和《三角洲之秋》，都体现了福克纳对土地的热爱，同时表达了对现代社会破坏土地的遗憾。

福克纳在写完《村子》中斯诺普斯的故事后，在麦卡斯林家族故事中窥见了另一部小说《去吧，摩西》的雏形。小说题目来源于黑人灵歌，故事追溯到卢修斯·昆图斯·卡罗瑟斯·麦卡斯林（"老麦卡斯林"）的后代。故事中有白人也有黑人，时间是从南北战争前到二十世纪四十年代。小说委婉地批判了对白人和黑人能否走向和谐共处和彼此悦纳的怀疑论调（《灶火与炉床》中卢卡斯·比彻姆和扎克·埃德蒙兹的争辩,《大黑傻子》中副警长对雷德行为的错误回应,《去吧,摩西》中加文·史蒂文斯对塞缪尔·比彻姆葬礼事务的反应),这本书也体现了福克纳对非裔美国人生而为奴的同情和对他们追求平等和尊严的支持。福克纳把这本书献给卡罗琳·巴尔大妈:"生来就是奴隶,却对我的家庭忠心耿耿,不计报酬,在我的童年时期给予我无法估量的深情与热爱。"

这时,美国已经卷入第二次世界大战,福克纳目送他的继子马尔科姆和他最喜欢的侄子吉米前往军队接受基础训练。马尔科姆在欧洲成了一名战地医生,而吉米成了海军战斗机飞行员。福克纳自己也试图报名参军,但因为年龄太大被拒绝了。他在这个时期写了许多以战争为背景的故事。《大高个子》中农民的儿子虽然在登记入伍时被拒绝,仍时刻准备着报效祖国。《两个士兵》中十岁的小男孩跟着他哥哥去了征兵点,想要陪哥哥一起去国外战斗。《不朽》中一位在战争中丧子的母亲到杰斐逊安慰另一位同样失去儿子的父亲。

尽管福克纳在三十年代末四十年代初写了许多书,他仍然无法靠写作维持生计——也无法靠农场维持生计。《野棕榈》和《村子》的版税已经包含在之前预付给他的现金中了;杂志销量都不大,报酬不高,除了《星期六晚邮报》[①];军队入职的请求也被拒绝了。就在福克纳入不敷出时,他想到了一个新出路:给代理人哈罗德·奥伯写信,要他在好莱坞给自己再谋一个职位。

注解:

① 《星期六晚邮报》一般每篇短篇故事付给福克纳一千美元,其他期刊付二十五至五百美元不等。

第八章

机遇之都

　　1942年5月，四十四岁的福克纳成为美国最幸福的作家。他刚出版了《去吧，摩西》，为十多年来的连续创作高峰期画上一个句号，这样的壮举在文学史上很难有人比得上。1929年至1942年间，他一共出版了十一部小说、两部短篇故事集，有超过五十五个短篇故事在《星期六晚邮报》《哈珀斯》《斯科布里纳》《美国水星》等知名报刊上刊登，还出版了第二部诗歌集。其中三部小说《喧哗与骚动》《我弥留之际》《八月之光》入选《纽约时报》一百部最优秀小说的榜单。许多学者认为《押沙龙，押沙龙！》也应该上榜单。如果非要找到与这一时期的福克纳同样高质量高产量的一位作家，那应该只剩下亨利·詹姆斯或查尔斯·狄更斯，甚至是莎士比亚了。其实，福克纳有时也会被称作"美国的莎士比亚"。

　　然而，福克纳一点也开心不起来，事实上他已经破产，生活十分糟糕。他写的书卖不出去，负债累累，不仅欠当地商户钱，还有不少税单要付。他感到自己被不幸的婚姻所束缚，嗜酒成性。他试过参军入伍，想在战时获得固定工资的同时履行爱国义务，但没有成功。他在给出版商的信中写道："我的口袋里只有六毛钱，这几乎是我的全部家产。我昨天写完一个故事，寄了出去，但对于销售前景不抱任何希望。债务一直让我惴惴不安，尽管债主们还没有上门讨要，主要是因为从去年开始我就给他们写了欠条。但是这些条子马上就要到期了，一旦被起诉，我的大厦将倾倒：农场、财产和一切的一切都将化为乌有。"福克纳感到了有生以来前所未有的沮丧和绝望。

在经济和感情的双重打击下，福克纳重回好莱坞寻找工作，不管条件如何苛刻。缺乏经验的年轻经纪人威廉·赫恩登为他找到了在华纳兄弟电影公司做编剧的工作。因为福克纳的酒鬼恶名远扬，他的工资只有每周三百美元左右（比前度好莱坞工资的一半还低）。后来，尽管福克纳十分懊恼，但他与赫恩登签订的合同长达七年之久，他须一直在华纳兄弟电影公司干下去，因为那时他已经没有更好的选择了。

略让福克纳宽慰的是，一旦回到好莱坞，他就可以和梅塔·卡朋特重归于好了。梅塔没有一直等福克纳，而是嫁给了钢琴家沃尔夫冈·雷博纳。但这段婚姻没有持续很久。有些人认为，她还是爱福克纳的。梅塔听说了他要回到好莱坞，但她还不知道具体的日期。不久后的一个晚上，她开车回到家时，发现福克纳坐在台阶上。他们去了两人最喜欢的马索与弗兰克餐厅吃晚饭。梅塔已经放弃了福克纳终有一天会娶她的梦想，但她仍然为福克纳重回她的生活感到开心，而福克纳也比任何时候都更加需要梅塔。

福克纳来到华纳兄弟电影公司后的第一个任务是为自由法国运动的领导人，也是第二次世界大战中与美国共同抵

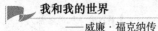
抗德国的盟友夏尔·戴高乐将军编写原创剧本。第二次世界大战时期的好莱坞俨然是美国政府至关重要的政治宣传机构，这要是放在越南战争和后越战时代，真的是难以想象。作为罗斯福总统的密友，杰克·华纳很乐意做政治宣传，而因为年纪太大不能参军的福克纳也找到了表达爱国的新方法——写剧本来支持战争。

在为期四个月的工作中，福克纳整合了代表夏尔·戴高乐将军的自由法国运动顾问提供的信息和建议，完成了两个完整的不同版本的电影剧本。[①] 尽管福克纳为这部电影付出了许多努力并充满了期待，夏尔·戴高乐项目最终还是被取消了，并且再也没有拍摄过。[②]

《戴高乐的故事》最终没有拍摄上映有几个原因，但与福克纳的剧本质量毫无关系。更重要的是，福克纳和自由法国运动顾问之间对剧本重点的异见从未停止。戴高乐主义者想让电影成为夏尔·戴高乐将军的自传，而福克纳更关注普通法国百姓（剧本中的两兄弟）在自由法国运动和法国维希政府的冲突中面临的困境。最终，因为顾问不愿妥协，矛盾进一步激化，福克纳给电影制片人罗伯特·巴克纳送去一个便笺："这个故事不考虑把夏尔·戴高乐将军作为一个真实的角色……如果我们把他看作一个真实的人物，一定要对他的代表进行监督，即使不能取悦戴高乐主义者们，也要让他们满足。作为自由法国运动者，他们为了一项艰难事业而努力，自然对该事业的进展更感兴趣，而不是对一部美国制作和资助的电影更加感兴趣。他们想看到的是一个自由法国运动宣传片，而不是一部看了之后能够激发人们热情、悲伤和希望的电影。"

除了戴高乐主义者的不合作，战时政策的转变也加速了该项目的无疾而终。夏尔·戴高乐已逐渐成为联盟的麻烦，罗斯福总统和丘吉尔首相都把这位法国人排除在军事战略之外。最终，1942 年 11 月中旬，就在福克纳为戴高乐项目进行收尾时，这部关于法国地下党领袖的电影被取消了。项目取消首先是因为美国政府的态度，其次是华纳兄弟电影公司的决定，因为公司的决定是与国防任务密切相关的。

福克纳因为夏尔·戴高乐项目的终止而备受打击，但不久又重燃希望。霍华德·霍克斯力邀其加入筹备庆祝联军一致抗敌而创作的史诗电影。福克纳在给女儿吉尔写的一封家信中表达了自己的喜悦："我现在正在为我的老朋友、导演霍华德写一个宏大的剧本。这会是个鸿篇巨制，长达三个小时，公司已经拨付给霍克斯三百五十万美元，会有三四个导演和所有大牌明星。电影名字可能会叫作《战争呐喊》。"

福克纳认为《战争呐喊》的编剧工作能让他摆脱危险的财务状况。他在写给埃斯特尔的信中洋溢着乐观情绪："霍克斯要建立他自己的团队，一个独立的团队：他本人与自己的编剧团队来创作剧本，要卖给出价最高的电影公司。我会成为他的剧作者之一。他说我俩的组合最少值两百万美元。这意味着我们拿出的剧本可以从任何电影公司换来至少两百万美元。我们用这两百万美元来拍电影，然后平分收益。我回家后会让霍克斯对这份工作和这个编剧团队百分之百地满意。如果我成功的话，就不用再担心破产了。"福克纳把《战争呐喊》描述为"我蛮有把握的东西"并且声称"现在（他已经）写完一个好剧本"，他应该废除赫恩登强加给他的那个苛刻的合同。

不幸的是，福克纳的希望再一次破灭了。预算办公室估计这部史诗电影的花费会超过四百万美元，于是公司停掉了

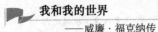

这个项目。这是十二个月中福克纳第二次在资金和艺术上都抱有极高希望的项目被终止了。他为两个计划写的所有稿件都被搁在了公司的地下室中。

随着《战争呐喊》项目的终止，福克纳来到好莱坞工作后燃起的最后一点热情消失殆尽，他开始想方设法解除合同。他先是试着和经纪人赫恩登协商解约，但没有成功；他又去找杰克·华纳，请求把他从华纳兄弟电影公司的合同中除名。华纳作为一个把作家称为"会打字的笨蛋"③的人，断然拒绝了他的请求。

在这期间，福克纳继续和梅塔亲密交往。他们一起外出就餐，沿着好莱坞大道漫步，同去沙滩，有时还会一同与朋友出席宴会。梅塔提议福克纳搬到她的公寓，但他拒绝了。福克纳告诉梅塔，这是因为"南方人好面子"④，但或许真正原因是他不想再面对奥克斯福那边的家庭琐事。

然而，福克纳的空闲时间并不总是和梅塔在一起的，梅塔开始觉察到两人之间产生了距离感。福克纳会和霍华德·霍克斯、克拉克·盖博一起打猎钓鱼，和制片人罗伯特·巴克纳及家人在一起待着；他喜欢拜访女演员鲁思·福特和她的女儿雪莱。几年前鲁思在密西西比上过大学，还和迪恩·法克纳交往过一段时间。

尽管《戴高乐的故事》和《战争呐喊》的终止让福克纳十分失望，但他在好莱坞就要熬出头了。和十年前一样，霍华德·霍克斯起到了巨大的推动作用。1944年初，霍克斯说服华纳兄弟电影公司拍摄欧内斯特·海明威的小说《江湖侠侣》。霍克斯起初找到知名编剧儒勒·弗斯曼改编剧本，但弗斯曼后来跳槽去了另一个公司，霍克斯又找来福克纳修改剧本。

无论是海明威的小说还是福克纳的改编本,《江湖侠侣》都描述了穷困潦倒的渔船长哈里·摩根的故事。他靠贩私酒、帮助非法移民偷渡以及暗中资助古巴与基韦斯特之间的革命者才得以最终撑过了经济危机。然而,福克纳察觉到美国政府对古巴政治局势十分敏感,加上他之前参与的《戴高乐的故事》和《战争呐喊》都用了法国材料,他劝说霍克斯把海明威的故事改成第二次世界大战期间描述自由法国运动和维希政府之间斗争的故事。为了让改编更合理,霍克斯把故事背景从古巴改成法国维希政府控制下的马丁尼克省。这次改编,带来了两个寓意深远的影响,一个是在故事层面,另一个是在商业层面。福克纳在处理摩根这个人物时,让他因为支持自由运动而身处险境,为人物增添了海明威小说中缺乏的道德救赎内容。此外,故事重点的转变也让饰演摩根的汉弗莱·博加特能够再次回到自由法国运动中的角色,此前他在华纳兄弟电影公司上映的《卡萨布兰卡》(1942)中取得了极大成功。

福克纳和弗斯曼分享了《江湖侠侣》剧本改编的署名权,该项目的成功也给他带来了新的工作——改编雷蒙德·钱德勒的惊悚悬疑小说《夜长梦多》。电影由演过《江湖侠侣》的博加特和劳伦·巴考尔主演。经验较少的年轻编剧利·布拉克特和福克纳一起工作,霍克斯要求他们完成一个有大量动作和搞笑对白的脚本。两位作家最后完美地达到了这两个要求,但审片员认为故事结局十分拖沓,难以让人接受。他们不能接受故事主人公故意让剧中另一个人物掉进陷阱被射死,尽管这个角色是一个女杀手、色情狂、瘾君子。于是,霍克斯找来弗斯曼重写结局,最终剧本署上了三位作家的名字。《夜长梦多》是福克纳最成功、最知名的电影。1997年,

全美电影保护委员会称这部电影"在文化、历史和艺术上的意义重大"，将其列入国会图书馆的全国电影存档名录。

福克纳在华纳兄弟电影公司任期最后阶段的两件大事给他的文学生涯带来了深远影响。第一件大事是制片人威廉·巴彻和导演亨利·哈撒韦邀请他合作完成一部有关第一次世界大战中流传的无名烈士事迹的电影。尽管后来电影计划流产了，福克纳与巴彻和哈撒韦的讨论为之后《寓言》的写作埋下了种子。小说中的法国无名烈士据推测为耶稣基督，他重返人世间却再次被钉上十字架。

第二件大事是福克纳收到了著名诗人、批评家马尔科姆·考利的来信。考利希望为维京出版社的便携系列丛书编辑一本福克纳代表作合集。他刚刚完成了《便携海明威读本》，计划接着做《便携福克纳读本》。该书于一年后出版，广大读者得以更直接地接触福克纳的作品，福克纳的写作生涯迎来了新生。

福克纳在华纳兄弟电影公司合同结束前最后的作品是改编斯蒂芬·朗斯特里特的小说《种马路》。这个作品对他而言，无论是从电影编剧的习得能力上，还是在电影圈内部获得最终成功的阻力上，都具有指导意义。福克纳和朗斯特里特小说的主题兼容性极高——对马的热爱，对乡村田园生活的热衷，对现代化进程的怀疑，对普通百姓的赞赏，宣扬个人而非集体价值观，对物质主义和贪婪的批判。凡此种种都毫无疑问地推动了福克纳剧本的成功。但在把小说改编成剧本的过程中，福克纳也面临了一系列颇具挑战性的问题。

首当其冲的是需要把一部三百页的小说压缩成一部七十五分钟的电影。为了克服这个困难，福克纳删除角色，减少场景，最重要的是抛弃朗斯特里特作品中的烦冗评论。

福克纳最后呈现出的仅是一个简化的剧情，主要围绕男主角拉里·汉拉恩以及两个爱上他的女性角色展开：这与原作不同，原小说描述了两个主要角色及其多重爱情或性取向，并且使用间接和暗示手段来替代直接描述以表现主题。

尽管福克纳成功地把朗斯特里特的小说压缩成一个内容统一、艺术性强的剧本，对现实细节描写的处理却没能通过海斯法典检查员的审查。⑤美国电影制片与发行从业者生产法则管理局主任约瑟夫·艾·布林看了福克纳的初稿后，通知华纳兄弟电影公司，剧本中有几处需要进行修改。首先，所有涉及动物的场景都应该遵循美国人道协会的标准。更严重的是，剧本中对于汉拉恩和黛西·奥蒂斯的奸情描写过于露骨。布林建议道："把奥蒂斯女士和汉拉恩的亲吻拥抱镜头数量控制在标准许可的最低范围内。"

布林的建议十分明确，但福克纳并没有删除故事中的性元素。在最终版本中，黛西仍是野心勃勃、放荡不羁的性瘾者，她和拉里继续公开炫耀他们的不贞关系。此外，黛西和她的情敌弗利斯经常打情骂俏，言语间充满了黄段子和性暗示。斯蒂芬·朗斯特里特对这些情节印象深刻，他说福克纳的剧本"在那时有些重口味"。⑥可想而知，福克纳剧本中不拘一格的性描写在埃米特·莱弗里修改的下一个版本和朗斯特里特的电影版剧本中都消失殆尽。尽管如此，福克纳版《种马路》仍是他最具艺术价值的剧本之一，这也证明了在1945年的好莱坞，福克纳已经走在了时代前列。

1945年12月13日，福克纳连办公桌都没有整理，直接抛弃华纳兄弟电影公司，返回奥克斯福家中。除了对杰克·华纳和威廉·赫恩登的厌烦外，他担心如果继续滞留在好莱坞便不能完成自己的"巨著"——那部叙述基督的寓言。"如

果留在那里,我永远也写不完,"福克纳对梅塔说:"有时我想,如果再让我多处理一个剧本,我就会失去作家的才能。"

在离开好莱坞之前,福克纳处理了最后一件琐事。在福克纳在好莱坞生活的最后一个夏天,埃斯特尔和吉尔来到好莱坞,福克纳和吉尔经常到当地一家马厩骑马。吉尔喜欢上了一匹叫格莱特利小姐的马。福克纳为吉尔买下了这匹马,又买了一辆拖车,雇了一名司机把马和他本人送回了罗湾橡树。到达奥克斯福后,福克纳高兴地望着吉尔,吉尔搂着格莱特利小姐欢呼:"这是我的马!这是我的马!"

注解:

① 这些不同版本的《戴高乐的故事》和相关材料达一千多页,现系东南密苏里州立大学的布罗德斯基特藏的一部分。布罗德斯基特藏拥有最丰富的福克纳任何一部电影剧本创作的档案材料,足以证明在好莱坞从事创作这一阶段,福克纳是一位熟练的专职剧本作家。

② 1990年11月,根据福克纳原稿改编的电影《我,戴高乐将军》在一家法国电视台播出,作为纪念戴高乐诞辰一百周年暨戴高乐抵抗运动开始五十周年活动的一部分。

③ 比尔·戴维森的《真实与非真实》,哈珀斯出版社1961年出版。

④ 梅塔·卡朋特·瓦尔德与奥尔·鲍尔斯滕的《恋爱中的绅士:威廉·福克纳与梅塔·卡朋特的爱情故事》,西蒙·舒斯特出版社1976年出版。

⑤ 美国电影制片发行者协会主席威廉·海斯倡导提出《海斯法典》,旨在屏蔽不合适的内容或在必要时审查剧本,依据的原则是大众广为接受的道德和礼仪标准。

⑥ 转引自路易斯·丹尼尔·布罗德斯基对斯蒂芬·朗斯特里特的访谈——《威廉·福克纳散忆》。朗斯特里特接着说的是:"他写得很震撼,基本脱开了我的原著。比尔所做的就是写完一篇彻头彻尾的福克纳式故事,是杰作不假,但处处有阴影和亮点,满满的骏马味道。"

第九章
重返约克纳帕塔法

回到家乡后,福克纳再次给华纳写信,请求他们取消合同中剩余的服务年限:"我感到自己在创作电影剧本时已经才思枯竭了,留在那里十分浪费我的时间,这对我这个年纪的人来说是承受不起的。"公司回信拒绝了他的请求,并提醒说华纳兄弟电影公司仍对合同到期前他创作的任何作品拥有版权。公司允许他离开六个月,期满后必须回公司报到。

暂时抛下一切财务问题,福克纳再次回家还是很开心的。他又和吉尔及其他家人团聚在一起了,与老朋友一起骑马猎鹿,到格林菲尔德农场查看佃户们的丰收情景。这一年的圣诞节,大家在罗湾橡树都过得愉快,福克纳的侄子吉米·法克纳和继子马尔科姆·富兰克林都从战场载誉归来。所有人都换上节日的盛装,福克纳和埃斯特尔在圣诞节清晨给家人分发礼物,下午招待宾客。尽管烦恼会很快再找上门——他和华纳兄弟电影公司的不和,《寓言》创作停滞不前,糟糕的婚姻,酗酒,但在那个圣诞节,身处亲朋好友包围之间的福克纳度过了一段好久没有过的幸福时光。

福克纳在新年收到了好消息。他的经纪人哈罗德·奥伯和兰登书屋劝说华纳兄弟电影公司允许他在写完小说前一直待在家里。他们保证,完成创作后福克纳会回到好莱坞继续履行合同。此外,兰登书屋还同意每个月预付给福克纳五百美元,让他可以不再担心财务问题,专心创作。

1946年4月,马尔科姆·考利编辑的《便携福克纳读本》由维京出版社出版,福克纳迎来了事业上的重要转折点。考利是美国最著名的批评家之一,也是《新共和》杂志的文学编辑。他一直对福克纳的作品推崇有加,但令他困惑的是,福克纳之前出版的所有小说除一本之外都已经绝版了。既然福克纳在法国的声望不断上涨,考利便想把福克纳介绍给更广大的美国读者。得到福克纳的同意和支持后,考利整理出一套福克纳代表作品集,并称之为福克纳的"约克纳帕塔法系列"。

福克纳专门给《喧哗与骚动》写了个"附录",新绘一幅约克纳帕塔法县地图,为考利编辑的短篇故事集和小说节选增光添彩。考利也写了一篇富有影响力的导论,把福克纳的小说和短篇故事描述为从土著美洲人被白人取代到二十世纪中期这段时间展现"南方传奇"的一幅巨幅全景图。"这些单独的故事就像是来自同一个采矿场的大理石,"考利写道:"它们展示着母岩的脉络和纹理。"

《便携福克纳读本》的出版对福克纳来说十分及时。当时他还处于华纳兄弟电影公司合同的"奴役"下,负债累累,靠着兰登书屋的救济来维持生计。福克纳担心华纳兄弟电影公司向他索要合同期间任何作品的版权。福克纳再度陷入无限绝望中,每日借酒消愁。

　　具有讽刺意味的是,这时福克纳的一个故事被奥伯提交给《埃勒里·奎因推理杂志》参加竞赛,赢得了二百五十美元奖金。福克纳写信给奥伯:"看看评论吧。在法国,我是文学运动之父。在欧洲,我是最棒的现代美国作家,位于所有作家前列。而在美国,我仅凭着在粗制滥造的悬疑小说大赛中赢得第二名的奖金勉强度日,这些钱刚刚够一个电影编剧维持生计。"

　　《便携福克纳读本》的出版即刻改变了福克纳的困境。卡罗琳·戈登的好评登在《纽约时报书评》头版。罗伯特·潘恩·沃伦在《大西洋》的评论文章里高度赞扬了福克纳。然而,沃伦表达了不同于考利的重要观点:他认为福克纳的作品远不止"南方传奇"那么简单,而是展现了"普通人的困境与烦恼"。这个分歧引发了一场持续至今的争论:福克纳是不是"南方"作家?他在多大程度上利用南方题材来表达对更广阔甚至更普遍问题的关切?有趣的是,福克纳同意沃伦的看法。在商讨《便携福克纳读本》出版事宜的过程中,福克纳给考利写信说:"我本以为南方这个写作题材对我来说并不十分重要。我只是恰好对它有所了解,而且一生中我没有足够的时间去了解另一种题材并把它写下来。"但大多数批评家和读者都支持考利的观点,认为福克纳本质上是一个"南方"作家。

　　更重要的是,《便携福克纳读本》的出版给大学教授们提供了可以用于课堂教学的便捷文集。鉴于作品的难度大,福克纳在普通读者中并不流行;大部分图书买家都是大学生,应老师要求买来当作文学课教材。于是,《便携福克纳读本》开始在大学生中流行起来了。

　　《便携福克纳读本》的成功也促使兰登书屋出版了《喧

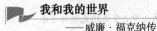

哗与骚动》和《我弥留之际》两作的合集,并将其收入《现代文库》。这两部小说的合集也成了流行教科书,并向那个时代的福克纳读者提供了了解这位伟大作家的入门指南。

考利便携本获得了社会的广泛认可,这让福克纳十分开心。他总是说自己的最后一本书会是"约克纳帕塔法县的末日审判书,亦是黄金之书",现在考利已经完成了这一夙愿。福克纳在给考利的《喧哗与骚动》(福克纳为写"附录"向考利借到这本书,因为他自己也找不到原始版本了)的题字中表达了他的感谢:"献给马尔科姆·考利,您把我从晚年的悠闲时光中唤醒。"①

1947年春,福克纳陷入一场论争,他和老对手欧内斯特·海明威在谁是美国最伟大的现代作家的问题上产生较大分歧。原来,福克纳答应到密西西比大学上几节文学课,学校承诺不准学生做笔记,他的讲话也不会公开出版。其中一次课上,有人让他给当代最好的作家排序,福克纳列了一个名单,顺序如下:托马斯·沃尔夫、福克纳、约翰·多斯·帕索斯、海明威和约翰·斯坦贝克。他解释道,海明威排名较低是考虑到他"没有勇气",因为海明威总是沉溺于熟悉的简洁风格,不敢冒险尝试其他写作形式。

不幸的是,学校并没有遵守和福克纳的约定,一个学生记下了福克纳的评论,被学校某个官员拿去发表了。海明威得知自己被说成胆小鬼之后十分愤怒。他请朋友、陆军准将巴克·莱瑟姆给福克纳写信说,作为莱瑟姆部队的一名战地记者,海明威的英雄行为受到了质疑。

福克纳被这件事搞得很尴尬,他给莱瑟姆回信解释道,自己清楚海明威在战争中赢取的荣誉,评论仅就作为作家的海明威而言，而非针对他本人。福克纳随信附上一张道歉便条，让莱瑟姆转交给海明威。但是不管怎样，嫌隙已经造成。就像之前的安德森事件，福克纳发现又一位作家朋友疏远了自己。

福克纳快要过五十岁生日时，一直在写作他的《寓言》，成败参半。华纳兄弟电影公司已经同意延长休假时间至书稿完成，但他仍然进展缓慢。他拿捏不定叙事顺序，一遍又一遍地重写了许多场景。他用了在好莱坞讨论剧本时学到的方法，在罗湾橡树办公室的墙上写下剧情大纲，但创作还是停滞不前。有时他感到文思枯竭，一个字也写不出来。这对他来说是种前所未有的事。福克纳在给奥伯的信中写道："我的写作速度变慢了。"

《寓言》的创作逐渐进入了一个死胡同，福克纳开始尝试另起炉灶。他想起一个几年前构思的故事："有个悬疑故事颇有新意，断案者是个黑人，因为谋杀罪被关进监狱，即将被处以死刑，他通过正当方式找出了真凶。"或许是因为回到了熟悉的约克纳帕塔法题材，福克纳的写作速度明显加快。他用了三个月多一点时间就完成了初稿。这个故事讲了一个小男孩和他的黑人同伴联合一位老妇人帮助卢卡斯·比彻姆洗清罪名。小说于 1948 年 9 月 27 日出版，题目是《坟墓的闯入者》。这是福克纳六年中的第一本小说。和他之前的著作相比，这本书显然微不足道，却能给他带来不菲的收益。

有一点福克纳自己也注意到了，这部小说本来是短篇"侦探"故事，却已经"冲破羁绊"成为对当前南方种族关系的评论。这部小说的主要观点是，"南方的白人比北方民众，比政府，比任何人都亏欠黑人更多，所以必须对黑人事务负

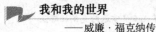
责"。故事中白人男孩契克·马礼逊和非裔美国人卢卡斯·比彻姆越来越紧密的关系也让人想到马克·吐温的小说《哈克贝利·费恩历险记》中的哈克和吉姆,在民权运动萌芽之际拨动了读者的心弦。福克纳将加文·史蒂文斯作为渐进主义的发声人,考察了南方和北方对种族融合的观点,这也是1948年总统选举的重要议题。史蒂文斯反对联邦政府干预,并恳求南方给予黑人市民公正待遇。这些观点福克纳在后来发表的政论文中也有所提及。小说中,契克·马礼逊一开始把卢卡斯·比彻姆当作典型黑奴,后来平等对待他且与他成为好朋友,这种观点的转变也是福克纳对其他南方白人的期望,希望他们日后同样能够转变想法。这也是作家自己的心路历程。

由于全国上下对种族问题日益关注,《坟墓的闯入者》获得了众多媒体的关注。批评家们认为,小说不仅显示了极高的艺术价值,而且具有重要的社会和政治影响力。《纽约客》的埃德蒙德·威尔逊在一篇名为《威廉·福克纳对民权运动的回应》的评论中认为,这部小说代表了"一种来自南方的新观点","超出福克纳自身的勇气和慷慨精神,能重新激起公众良知"。还有批评家认为卢卡斯·比彻姆是美国小说史上最具说服力的黑人角色之一。

万众瞩目之下,这部小说十分畅销,第一次印刷就卖出了一万五千多本,成为自《圣殿》以后最畅销的福克纳小说。此外,美高梅公司以五万美元的高价买下了小说的电影版权,福克纳分得了四万美元。这些年来,福克纳第一次偿清了所有债务。他买了一辆好车和一台园艺拖拉机,给罗湾橡树换了个新屋顶。他还买了一艘帆船,在萨迪斯湖上游弋,并奖励自己去纽约旅行,这是他九年间第一次去纽约。

在纽约，福克纳拜访了兰登书屋的所有编辑——贝内特·瑟夫、罗伯特·哈斯和萨克斯·康民斯。他还与早在二十年代就已认识的格林尼治村朋友吉姆·德温以及出版过《喧哗与骚动》的哈里森·史密斯两位老友重逢。福克纳和在好莱坞认识的好朋友、女演员鲁思·福特一起参加派对和晚宴。他还第一次见到了马尔科姆·考利。

在纽约还有无穷无尽的晚会和招待会等着福克纳，他每天都会喝很多酒，这给身体健康带来了极大负担。一天，他待在亚岗昆宾馆里，一直没有接电话。后来朋友发现他喝醉了，神志不清地躺在房间里。他们马上叫了救护车，把福克纳送到附近的疗养院检查。尽管医生建议他多住几天接受治疗，福克纳还是第二天就离开了那里。

福克纳被送到马尔科姆和缪里尔·考利夫妇位于康涅狄格州的农场，在夫妇二人照料之下疗养身体。福克纳克服脱瘾期的痛苦之后就去找考利聊天，考利还开车载着他行驶在新英格兰的乡村中。旅途中，福克纳在几本小说上签名赠送给考利。因为身体虚弱，写字的时候福克纳手腕还在颤抖。

几天后，福克纳身体状况好转，可以回到纽约，再转回密西西比州了。回家前，他给缪里尔·考利送了一打玫瑰。

在奥克斯福，福克纳重启了《寓言》的创作，但依然毫无头绪。在《坟墓的闯入者》一书中，加文·史蒂文斯是主要角色，这让福克纳有了新的想法：创作一部以史蒂文斯为主角的侦探故事集。此外，福克纳手头有几篇故事已经在不同杂志上发表了。福克纳把这一想法告诉兰登书屋，并增加了一个讲述史蒂文斯的最新经历的压轴故事。这个步骤和他创作《没有被征服的》《村子》和《去吧，摩西》的方式十分相似。兰登书屋很喜欢这个提议，希望借着《坟墓的闯入者》

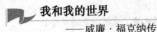

的势头大赚一笔。福克纳的这部史蒂文斯故事集《让马》于
1949年11月7日出版。

然而，福克纳这一年的高光时刻要属帮助美高梅公司在
奥克斯福拍摄电影《坟墓的闯入者》。这个曾经外号是"窝
囊伯爵"的作家现在要把好莱坞带到奥克斯福。小镇上四十
位商人在《奥克斯福鹰报》上刊登了整页的海报，庆祝拍电
影这一盛事，许多当地居民都参与了电影的拍摄。然而，有
部分民众却兴奋不起来，因为毕竟是要在自己家乡拍摄一部
有关私刑的电影。

福克纳自己对这部电影是百感交集。他讨厌小镇一时
兴起的喧嚣，但这又并未妨碍他与导演克拉伦斯·布朗的愉
快合作。他们一起驾车跑遍全镇寻找合适的拍摄地点，福克
纳用自己的电影创作经验反复修改脚本并提出修改建议。
他甚至带自己的母亲和吉尔观看拍摄，并和埃斯特尔一起在
罗湾橡树为剧组人员举办了庆功晚会。福克纳很喜欢自己
的南方同事布朗。布朗能平等地对待种族问题，在描绘密西
西比人时不会有轻蔑的态度，这让福克纳印象深刻。

电影《坟墓的闯入者》全球首映式于1949年10月11日
在奥克斯福歌剧院举行。福克纳尽管很不情愿，但在家人的
劝说下，仍然参加了这个盛大的首映式。巴马姑妈也从孟菲
斯赶来，给福克纳捎信说自己要穿着最好的衣服参加仪式，
希望自己的侄孙能陪她一起参加。福克纳同意了。

不仅在奥克斯福，电影《坟墓的闯入者》在全国都获得
了极大成功。福克纳声名鹊起。《生活》杂志计划刊登一篇
关于福克纳生活和工作的专题文章。哈佛大学的卡维尔·
柯林斯和密西西比大学的约翰·皮尔金顿都准备在各自的
大学邀请福克纳前去参加研讨会。密西西比大学的两位教

授哈里·坎贝尔和鲁艾尔·福斯特正在写第一部有关福克纳作品的批评专著。兰登书屋也在准备出版《威廉·福克纳短篇故事集》。现在,约克纳帕塔法不仅出现在了密西西比州的地图上,也出现在美国版图上。

但是,所有公开或私下的关注均不能缓解福克纳个人生活上的不快。他和埃斯特尔的关系一团糟糕;他的好莱坞情人梅塔与沃尔夫冈·雷博纳复婚了;他酒瘾发作越来越频繁,持续时间也越来越长。福克纳正面临着极度的抑郁。把福克纳从绝望中拯救出来的,是他和年轻作家琼·威廉斯的友谊。

1949 年 8 月,福克纳第一次遇见琼。她是一个二十岁的大学生,住在孟菲斯,有位亲戚曾开车带她到罗湾橡树,把她介绍给福克纳。福克纳马上被美丽年轻的琼吸引住了,答应指导她进行创作。接下来的几个月,他们一直保持通信,还会见面,有时就在奥克斯福,有时选择在霍利斯普林斯或孟菲斯,甚至还到纽约的巴德学院——琼曾经在那里就读,毕业之后便上班了。福克纳对琼的兴趣迅速转化成了爱情,但琼却拒绝了他的追求。她希望把福克纳当作父亲角色替代者和人生导师。

福克纳提议与琼合作完成一个写作项目,也可能只是维持两人能够经常见面的合理借口。他发给经纪人一篇打印好的名为《无辜者归来》的短剧。尽管后来琼想不起自己在短剧中出过什么力,但稿子扉页上还是印着福克纳和琼两个人的名字。福克纳不时给琼寄去另一个剧本《修女安魂曲》的片段,邀请她阅读并提出建议,甚至进行修改,但还是没有证据表明琼在这部剧作中有任何贡献。

这一时期,福克纳在给琼的一封信中清楚地表达了他正

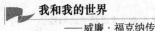

在经历的中年危机,希望琼能够帮助自己摆脱。与她相识,福克纳写到,让他"记起了年轻时的一些东西:不是花园里的而是森林里的气息、味道、小花,这都是偶然遇到的,没有过去,没有特殊香味,注定在初霜时枯萎:直到三十年后,一个脏兮兮的五十岁的老家伙闻到或回忆起,使他又回到了二十一岁,那个勇敢、纯洁而又一往情深的年龄。"就像福克纳早期诗歌中的叙述者一样,他又找到了一位年轻女神,她代表了作家心目中的理想爱情和幸福。又一次,他注定要面对失败。

注解:

① 这个签名本现存于东南密苏里州立大学福克纳研究中心的布罗德斯基特藏中。

第十章

获奖之后

　　1950年12月10日，福克纳在瑞典斯德哥尔摩举行的仪式上被授予诺贝尔文学奖。[①]可想而知，这一奖项给他的生活和事业带来了翻天覆地的变化。一直以来，作家珍视无比并努力维护的隐私梦想被彻底击碎，个人生活突然暴露在公众面前。此刻他成了世界公民。

　　面对私人空间和公共形象之间的矛盾，福克纳的态度明显体现在他对获奖的态度和受奖演说中。他最初拒绝参加颁奖典礼，但是在家人、兰登书屋以及美国驻瑞典大使的劝说下，最终同意了。但在斯德哥尔摩，福克纳感到紧张害怕，对整个典礼都充满抗拒。好在吉尔一直陪在他左右，他还结交了埃尔斯·琼森——一个颇富爱心的瑞典女人。[②]两人的陪伴让福克纳的瑞典之旅不再如坐针毡。

　　福克纳的诺贝尔演说词被誉为美国获奖者中最好的，也是二十世纪最佳美国演讲之一。[③]他借这个时机告诫"青年男女……他们中迟早会有人站在此刻我所站之处"。他谈到

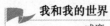

了写作的重要性，就是要"写人类的内心冲突才能写出好作品"。他把作者的声音和人类"绵延不绝的声音"联系在一起，表达了自己对人类不朽的信心："我相信人类不仅仅会忍受痛苦，还会走向胜利。"最后，他总结道："写出这些东西是诗人和作家的责任。唯独他们才能享有激励人类心灵的特权，令人们回忆起过去引以为荣的勇气、荣誉、希望、自豪、同情、怜悯和牺牲精神，从而帮助人们继续生存下去。诗人的声音不一定仅仅是人类自己的记录，它能够成为支柱和栋梁，帮助人们忍受痛苦，支持他们走向胜利。"

耐人寻味的是，几乎没人听清福克纳激动人心的演讲。他的声音很小，站的位置又离话筒太远。"直到第二天早上，我们才知道他讲了什么，"一位听众说道。福克纳就好像被推到了世界舞台上，却还想要退回到自己的个人空间里。这个矛盾在接下来的日子也一直困扰着他。

回到奥克斯福家中，福克纳决定拿出诺贝尔奖三万美元奖金中的一部分来帮助家乡的街坊邻居。"我想为拉斐特县的贫困居民捐一些钱，"福克纳告诉大伯约翰。他在当地的非裔美国教学机构设立了教研基金，花钱拓宽改良了排水管道，让当地农民享受到更多的便利；他还在密西西比大学以多萝西·康民斯的名义创立音乐奖学金。

第二年春天，福克纳又被邀请去作另一个演讲，这次演讲的地方离家近多了。吉尔即将高中毕业，同学说服她请父亲前来作毕业典礼演讲。福克纳站在一千多名学生面前，鼓励他们"为了人类的和平与安全而去改变世界"。福克纳鼓励学生一定要独立接受挑战。福克纳建议道，因为"能拯救人类的是人类自身……——集体、个人、男人和女人，将永远远离欺骗、恐吓与贿赂，不会丧失斗志，不会放弃权利和责任，在正义和不公、勇气和胆怯、奉献和贪婪、怜悯和自私之间进行选择……"最后，他还鼓励学生们"永远不要害怕为正义、信念和热情而发声，坚决与不公、谎言和贪婪做斗争"。

这场演讲不到五分钟，一些听众甚至都听不到他低柔的声音，但演讲仍获得了极大的成功。福克纳不再是奥克斯福的窝囊伯爵，他已经令女儿自豪不已。

在随后的数月里，福克纳继续展开对琼·威廉斯的攻势，而她还是不愿意抛出芳心。他们经常通信，福克纳继续给予琼写作建议，还会到纽约州哈德逊河畔安南代尔的巴德学院看望她，两人去纽约市幽会。埃斯特尔对他们的关系心知肚明，十分痛苦；事已至此，她和福克纳的婚姻仿佛今天所谓的"开放式婚姻"。只要福克纳不把他的风流韵事传回奥克斯福，埃斯特尔就能睁一只眼闭一只眼。

福克纳十分怀疑《修女安魂曲》这个剧本能否取得成功。然而和往常一样，他很快找到了把这个材料转化成另一种形式的方法。福克纳利用所谓的"对位"技巧，写了三篇关于密西西比州和约克纳帕塔法县历史的叙事散文——《监狱》《法院》和《金色拱顶》，把它们安排在《圣殿》中主人公谭波尔·德雷克故事发生的八年后。在约克纳帕塔法编年史中，谭波尔的自我救赎和在孟菲斯生活时所受痛苦与所犯过错被放到了人类经验这个更宏大的格局中，或如福克纳所说，放到了"人类惊人且持久的历史的沉重"中。从这个角度看，《修女安魂曲》经常与约翰·弥尔顿的《失乐园》作比较，两本书都重述了《圣经》故事中人类在伊甸园失去纯真，由此蒙受惩罚，传达了获得救赎的希望。

《修女安魂曲》在 1951 年 9 月 27 日出版，但之后福克纳一直在修改作品的戏剧版，因为他答应朋友鲁思·福特让她

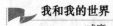

演谭波尔这个角色。戏剧在马萨诸塞州坎布里奇进行彩排，福克纳去了两次，还与鲁思推荐的戏剧导演阿尔伯特·马尔会面。马尔之后去奥克斯福继续和福克纳讨论剧本。但是两人对修改结果都不满意，很快福克纳退出了这个项目，将其交给了福特及其丈夫扎卡里·斯科特。最终，经过福特与斯科特夫妇两人数年的努力，戏剧版《修女安魂曲》才成功上演。

1952年7月，福克纳手头已没有未完成的剧本和小说了。他背疼得厉害，个人糟糕的生活和不幸的婚姻还要继续。向琼的示爱仍然得不到回应，福克纳再次深陷绝望。他经常在两本书的创作间隙感到痛苦，借酒消愁，但这次情形看起来尤为严重。他写信给萨克斯·康民斯说："人生中第一次，我彻底厌倦了，受够了，我一直在浪费时间……总觉得或许某样平和与知足之物才能拯救我的灵魂，至少会让我顺利工作，一待完工我才能放下这一切，悉听尊便，最后便会一了百了……然后或许我能继续工作，重新振作起来。我没有时间再可以浪费了。"

随着情况越来越糟，福克纳酗酒也越来越严重，直至失控。埃斯特尔写信请康民斯帮忙。这是康民斯第一次到奥克斯福，他在给兰登书屋同事的信中写道："比尔的身体和精神状况极差。他既不能照顾自己的日常起居，更不能正常思考，这仅是其严重酒精依赖症的表现。而且实际情况要比现在描述的糟得多，他几近崩溃。"康民斯继续写道："现在能怎么办？我发现这种情况需要专业治疗。在这个阶段，任何心理层面的善意、友善或理解都对他没有任何帮助。他需要住院，需要护理和规劝。"

康民斯说服福克纳接受专业的治疗，开车送他去加特利·拉姆西医院——一个位于孟菲斯的精神疗护中心。福克纳在那里待了一周,接受诊断和治疗,但他拒绝再多待些时日。

11月,福克纳的健康状况有所好转,参加了一部记录他生活和事业的纪录片拍摄,该片最终在奥克斯福当地电台的《节目荟萃》中播出。该片记录了福克纳在奥克斯福和格林菲尔德农场与朋友、邻居和佃户们聊天的日常场景。这部名为《奥克斯福的威廉·福克纳》的短片是福克纳参演过的三部影片中的一部。④

抑郁再次袭来,福克纳决定离开奥克斯福,到纽约居住六个月。康民斯和兰登书屋的同事们表示支持,他们觉得在纽约更便于他们密切观察福克纳的身体状况,安排治疗也更省时。这一策略奏效了,但好景不长。福克纳有创作意愿时会去兰登书屋的办公室,其他时候他会不时和琼·威廉斯会面,经常造访萨克斯和多萝西·康民斯在普林斯顿的家。

然而,没过多久,福克纳再次深陷抑郁和酗酒的双重魔咒,在纽约的大部分时间都处于医生办公室、医院或家庭护理中。一位精神科医生给福克纳检查后认为,他是"一个生来受苦的人"。医生推测,原因可能是他极度渴求真爱,但或许出于童年时期开始的不愉快感情经历,让他很难再找到真正的幸福。

《寓言》创作的迟滞不前让福克纳十分痛苦,即使去巴黎让法国读者重新了解他的行程也没有激起他对该书的写作欲望。后来,在康民斯的耐心照料和陪伴下,福克纳重新开始创作这部"巨著",找回了写作的自信,顺利完工了。在给梅塔·卡朋特的信中,他写道:"我刚刚完成了一生中,或许是这个时代最好的作品。"福克纳再次发现,对于他而言,文

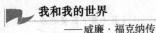

学创作才是最好的止痛药。写作是他"拒绝死亡"⑤的唯一方式,给了他生活的意义和方向。正如他经常提到的,宗教信念和不朽名声就是他的文学艺术本身。

1953年11月,福克纳在康民斯普林斯顿的家中连续几个昼夜工作,两人共同为《寓言》的章节设计和排序作定夺。桌子上、椅子上、床上、地板上,房间里到处都是手稿。他们就在这杂乱的房间里讨论叙事的最佳顺序。最后,他们确定了一个福克纳常用的混乱时间轴,故事开始于下士生命的最后一周,接着故事在其他时间里跳转,由此来营造一种延宕和悬念的效果。

小说历时十年,终于完成。对福克纳来说,写完这本书是出于对康民斯的爱,当然也为他本人。只有他们两个才能完全理解创作中经历的痛苦和艰辛。不论读者和批评家怎样看待这本书,它都代表着一种征服绝望和失败的英勇战绩。

1953年11月底,福克纳对《寓言》的最后一次编辑被他的好莱坞好友霍华德·霍克斯打断。霍克斯的电影《乱世情天》需要他的帮助。这部史诗电影计划在埃及拍摄。福克纳和霍克斯在巴黎碰面,随后于电影在开罗正式拍摄前,跟随电影剧组人员一起去了意大利斯特雷萨、瑞士圣莫里茨以及罗马。福克纳和经验丰富的编剧哈里·库尼茨共同创作剧本,合作的成果并不算十分出众,但也成了福克纳电影生涯中的传奇作品之一。两人一起工作时,库尼茨坦诚地告诉福克纳自己不知道法老会怎样说话。最后他俩认为法老应和邦联将军差不多。⑥

在《乱世情天》剧组工作期间,福克纳结识了吉恩·斯坦,美国音乐公司创办者十九岁的女儿。吉恩在第一次见面后就迷上了福克纳。福克纳那时刚得知琼·威廉斯要嫁给埃兹拉·鲍恩，于是他把吉恩当作琼的代替者。"我遇到了件非常奇怪的事，"福克纳在给萨克斯·康民斯的信中写道："她几乎是一个复制品，这一位甚至名字是吉恩……我在圣莫里茨遇到她，就和在奥克斯福遇到琼一样。"吉恩在开罗一直和福克纳待在一起，之后的几年也经常去美国看他。

《寓言》于 1954 年 8 月 2 日出版。福克纳也作为封面人物登上同一天发行的《新闻周刊》。这本书获得了普利策奖，但并未得到读者和批评家的认同。由于背景置于第一次世界大战时的法国，小说不属于约克纳帕塔法系列，且因为过度依赖新约中基督的故事而缺乏新意，阴暗腔调又与其本意十分矛盾。小说让批评家们十分困惑。他们把它称为一场"灾难"和"失败"。福克纳对此很不开心。

尽管如此，通过《寓言》，福克纳对现代社会生活进行了严肃且深刻的评论。作为一本战争小说，它讲述了一个法国士兵及其十几个追随者引起的哗变，但在最后的解释中，它涉及的不仅仅是战争。将军和军事机构代表了一切官僚和专制集权力量，他们会奴役人，剥夺人的独立性和人格。而书中基督的形象——法国下士则代表了人类自由、个人尊严和博爱。将军们看起来无所不能，但福克纳传达了这样一种观点：只要有像下士和他的追随者那样英勇不屈抗争的人存在，人类就不会迷茫，不会毁灭。虽然小说的背景在法国，不在密西西比州，但小说"忍耐和胜利"的主题与福克纳在约克纳帕塔法小说中表达的主题一致。福克纳也已经用个人经历进行了佐证，他奋斗十年最终完成了《寓言》的创作。

福克纳把《寓言》献给了吉尔，那时吉尔快要过二十一岁生日了。他后来解释道："这只是'和童年说再见，你已经长大,可以独立了'的一种说法。"他的伤感之言一语中的。
一个月后,在奥克斯福的圣彼得圣公会,福克纳的女儿嫁给
了保罗·萨默斯,一名住在弗吉尼亚州夏洛茨维尔的律师。

注解:

① 福克纳经常被当作1950年的诺贝尔奖获得者,事实并非如此。实际上他获的
是1949年的奖,只是颁奖典礼是在一年之后。同一典礼上获颁1950年诺贝
尔文学奖的是伯特兰·罗素。

② 埃尔斯是福克纳的铁杆粉丝、瑞典记者索尔滕·琼森的夫人。尽管埃尔斯在
颁奖仪式之后仅有一次机会见到福克纳,那是在1951年作家到访巴黎之时,
但两人一直保持通信联系,直到福克纳去世。

③ 有一个调查显示,福克纳的受奖演说位列二十世纪百大著名演说的第三十三
位,参见网址 http://www.americanrhetoric.com/top100speechesall.html。

④ 其余两部,一是诺贝尔颁奖典礼上的若干片段,另一部是1955年访问日本期
间拍摄的纪录片《日本印象》。

⑤ 对这一观念最为全面的阐释是在1954年兰登书屋出版的《福克纳读本》的"前
言"中。

⑥ 记录这个片段的是托马斯·阿·萨迪斯的《阳光下的时日:菲茨杰拉德、福克纳、
内森内尔·韦斯特、赫胥黎和詹姆斯·阿吉的好莱坞岁月》,斯科布里纳出
版社1976年出版。

第十一章
文化大使与政治家

　　福克纳对自己公众人物的身份一直感到很不自在，但到了人生后半段，他逐渐接受了自己的这一角色，而且非常自豪。这么做的很大一部分原因在于，随着年华逝去，他开始关注当时社会出现的一些重要问题，余生中一直坚持了下去。他一直高度关注种族关系，也在许多小说和故事中都有所体现；美国联邦最高法院1954年决定废除种族隔离，反而激化了矛盾。作为一个坚定的爱国主义者，福克纳认为自己有义务在美国和苏联冷战期间保卫自己的祖国。此外，在一个金钱和贪婪至上的官僚社会，个人自由、隐私和毕生追求无不遭受到越来越大的威胁。福克纳以不同的方式直面这些问题。

　　1954年8月，福克纳去巴西圣保罗参加了为期六天的国际作家大会，这是他作为文化大使代表美国政府完成的第一个海外任务。在往返圣保罗的途中，福克纳在秘鲁利马和委内瑞拉加拉加斯作了短暂停留。他在两个城市都举行了新

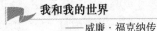
闻发布会,并参加为他举办的晚会和招待会。在后续报道中,福克纳解释道,他想要"帮助其他国家的人真正了解美国,让他们知道美国不是他们通常了解到的样子"。这次南美之行十分成功,福克纳希望国务院派自己参加更多外交活动。

1955年7月,福克纳在《哈珀斯》杂志发表了题为《论隐私》的文章,表达了对公众意见的看法。文章源于其试图阻止《生活》杂志刊登涉及他个人生活和隐私的文章但以失败告终的经历。他历来视隐私为己所有:"只有作者的作品才属于公共领域。""只有作家犯罪或参选政府职位时,私生活才可曝光。"福克纳认为,他自己、被委派去写这篇文章的记者和杂志社三者都是猖狂的资本主义的受害者。人们对信息的需求一直存在,新闻越轰动,杂志销量就越高。

福克纳提出的反对意见,是基于他对合众国创始人阐述的美国梦的理解。他认为,每个人应免受集体压制,保证隐私不会遭到侵害。"新闻自由"是美国民主的最大保障之一,一旦被腐蚀,富有机构便可以随意践踏个人的权利。福克纳结合自身经历,又援引了查尔斯·林德伯格和罗伯特·奥本海默作为个人隐私被毫无品位且贪婪无度的新闻媒体破坏的例子。"问题在于在今天的美国,任何一个组织或群体,只需打出一个出版自由、国家安全或是反颠覆联盟的旗号,就可以自以为是地冒犯任何人的自由。个人隐私权一旦丧失,他就不能称其为人了,没有了隐私他就什么都不是。受到冒犯的个人并非那些组织与团体的成员,那些组织数量多、财力足,完全可以使他们退避三舍。"笃信个人的隐私和自由,这个主题贯穿于福克纳对所有问题的认识中,无论是写作、政治、种族、性别还是个人价值。

1955年8月,国务院批准了福克纳出使海外的申请,委派他去日本进行为期十九天的访问。福克纳参观了东京、长野和京都。在京都的一个记者招待会上，他谈论了文学、美国的种族问题及东西方关系。在长野，他参加了为期一周的研讨会，与会的有五十多名日本学者和学生，福克纳在会上向他们解释文学和文化等宽泛的话题。为了感谢福克纳的到访，日本与会者送给他一个全部学者签写了祝福语的长卷轴。今天这个卷轴放在长野的公共图书馆中，作为福克纳到访的一个见证。在结束长野的研讨会后，福克纳去京都参加了更多新闻发布会和社交活动。之后福克纳回到东京，参加完最后几项活动，返回美国。

在日本行程开始之初，福克纳十分紧张焦虑，他采取了自己常用的解决办法——酗酒。被派去监督福克纳活动的美国大使馆工作人员利昂·皮肯很担心，害怕整个行程会就此取消。但是，福克纳强打起精神告诉皮肯："我不会让你失望的，国家派我来完成这个工作，我会做好。"此后的日子里福克纳逐渐恢复了元气和自信，至行程最后，他已经能与记者及其他人员自如交谈，公共演说水平也有了极大的提高。

比起处理国际关系，福克纳更想回到家乡。美国联邦最高法院裁决"布朗诉教育委员会案"之后，南方学校的种族隔离制度得以废除。这在南方引发了一波反抗浪潮。福克纳提醒他的南方同胞，要认识到自己所犯过的错误。他写了一连串的信函，刊登在孟菲斯的《商业呼吁报》上，恳求南方同胞们接受改变，不要试图挑起第二次南北战争。他在一封信中反驳了公众认为居住于孟菲斯贫民区的非裔美国人懒惰的成见，并针对密西西比州采取的种种避免学校种族融合的"分离但平等"的做法发表了看法。福克纳写道："当前我们学校的制度对于白人民众来说还不甚完善。怎么办呢？

让它们努力向好,甚至做到最好吗?不是。我们如果从外围入手,多种渠道筹措资金,加收额外的税以建立另外一套体制,顶多只能赶上目前普遍实行的欠完善教育体制。当前学校的制度对黑人来说也会不甚完善。我们会拥有两个均不完善的完全相同的体制,对谁而言都不够好。"

他在另一封信中辩称,密西西比人与其筹集税款再建一个体制,不如让所有有资格的学生,包括黑人和白人,都能进入大学,而那些能力不足又想上学的人,不管肤色如何都可以去职专和技校。福克纳在信的最后自嘲说自己是"一位资深的六年级学生","没有拿到任何学位和文凭"。他总结道:"或许这就是为什么我对教育如此敬重。我不能熟视无睹,眼看着教育因人们肤色不同而产生不公问题,进一步引发激动情绪,始终得不到足够重视。"

1955年8月28日,芝加哥黑人少年埃米特·蒂尔到密西西比三角洲拜访亲戚时,被两名白人绑架,据称其向一名白人的妻子吹口哨,后来竟被残忍地杀害了。福克纳当时正在自日本返回途中,在罗马短暂停留。记者们围着他询问其对该案的看法。他随后拟定了一份四百字的声明,向媒体公布。他字斟句酌,提醒他的读者说,白人只占世界人口的四分之一;因此,这种犯罪事关密西西比州的存亡、美国的存亡乃至整个白人种族的存亡。福克纳呼吁,全体美国人"应向世界展示一个平等、统一的整体阵线,不管是白种,还是黑种、紫种、蓝种或是绿种美国人"。最后总结时,他用了评论种族平等问题时所能想到的最激烈的言辞:"如果我们美国人在垂死的文化氛围中已经走到必须谋杀儿童这一步,不管基于什么理由或什么肤色,我们都不配,或许也真的不会,再继续生存下去了。"

埃米特·蒂尔事件之后没几个月，福克纳的好朋友、邻居、密西西比大学历史教授、南方历史联合会重要成员吉姆·西尔弗邀请福克纳到联合会在孟菲斯皮博迪宾馆里举行的年会上发言。西尔弗是一位自由派人士，他与联合会的其他官员正筹备一个项目，着重研究美国联邦最高法院废除种族隔离制度之后南方人生活和机构层面上发生的变化。除福克纳外，著名非裔美国教育家、民权活动家亚特兰大莫尔豪斯学院院长本杰明·梅斯和著名律师塞西尔·西姆斯都将在会上作重要发言。

矛盾的是，福克纳在演讲中说道："公元 1955 年，世界上任何地方如果有人反对种族或肤色平等，就像阿拉斯加人反对下雪一样令人可笑。"接下来，他很快把话题转向冷战问题。福克纳说，人类本可自由的这一信念，"正是世上最强大的武器，我们要做的就是去践行。"然而，纵观美国历史，该理念及其蕴含的力量正在逐渐被种族不平等问题破坏，甚至击穿。福克纳说，这段令人羞耻的历史，"导致美国联邦最高法院做出裁决关注学校管理这样的琐事"。所有美国人，无论何种肤色都应该"联合，快速联合在一起"。美国应赋予每位美国人完整的政治和经济自由以及平等权利。

福克纳最后总结："我们必须拥有这样的自由，不是嘴上说说的自由，而是付诸实践的自由；我们的自由必须是平等融合、毋庸置疑的自由……这样世界各地其他怀有敌意的力量，无论是政治、宗教、种族还是民族力量，不仅会因为我们实践自由而尊重我们，还会因为我们说到做到而畏惧我们。"①

这篇针对种族问题抒发己见的公开声明虽然现在看来

相对比较温和,但在当时看来却是言辞十分激烈,足以让福克纳成为家乡的"弃儿"。他收到了许多匿名信和恐吓电话。一个记者叫他"痛哭的娄力·福克纳",指责他背叛了家乡。就连他的家人,甚至是弟弟约翰,都站在了他的对立面。最残酷的批评来自他的多年好友菲尔·斯通。一个朋友致函斯通询问能否帮忙请教福克纳一个有关其小说的问题,斯通回信中做了如下评论:"既然他已经背叛了自己的人民和家乡,我才不会去问他什么问题。"

其实福克纳没有背叛南方,他已经在拉塞尔·沃伦·豪1956年的一次访谈中做出明确甚至明确过头的澄清。这一访谈刊登在《报道者》和《伦敦星期日时报》上。采访之前几天,福克纳酗酒严重,因而他的精神和身体状况都不好。在采访过程中,英国记者逼问福克纳如何看待南方对于种族融合这一问题的强硬立场。在外界批评自己的家乡时,福克纳会一如既往地气势汹汹起来:"只要有一条中间道路,我就会在那儿。但是,一旦有战争,我会为了密西西比而与美国对抗,就算是要我跑到街上去枪杀黑奴也行。"福克纳反复强调:"我还是会继续说南方人是不对的,他们的立场是站不住脚的,但是如果让我做出与罗伯特·爱·李一样的选择,我也会那么做的。"

一夜之间,福克纳意识到自己反应过激,夸大立场了。尽管他从心底里坚信州的权力政治,像《坟墓的闯入者》中的加文·史蒂文斯一样,但他并不提倡使用暴力挽救南方邦联注定的败局。事后,他说自己在采访时喝多了酒,神志不清,想以此来撇清那些过激的言论。福克纳写了一份澄清声明:"那些言论绝不是一个神志清醒的人会说出来的,在我看来,也不会有任何神志清醒的人信以为真。"但是,伤害已成事实,一些自由人士和许多非裔美国人开始质疑福克纳之前对公民权利的评论是否真诚。

为了进一步澄清自己曾经说过的过激言辞,福克纳接受《乌木》杂志的邀请,写了一篇迎合非裔美国人探讨种族问题的文章。福克纳先是将此文命名为《致黑人种族领袖们的一封信》,在《乌木》发表时改名为《如果我是个黑人》。文章中,福克纳赞扬了非裔美国人领袖,尤其是全国有色人种协进会在消除种族隔离方面付出的努力。福克纳说,现在南方白人应有一点空间,可以自由呼吸,重新权衡种族历史问题,接纳强加于他们周围的剧烈变化。"放慢速度……灵活机动,"福克纳建议黑人领袖告诉他们的同胞:"我们灵活性的指导方针必须是正派、低调、彬彬有礼、讲求尊严;如果发生什么暴力或不理智的事,那么一定不是出自我们这一方。"福克纳援引甘地的做法,提倡一场和平耐心的民权运动,以期赢得最终的胜利。同时,福克纳也建议道:"我们必须学会享有平等,这样在得到之后方能保住,不致丢弃。"

文章明白无误地告诉大家,在种族融合和公民权利问题上福克纳是个渐进主义者。但是,著名非裔美国作家詹姆斯·鲍德温声称,福克纳提到的"放慢速度"意味着"不必推进",这看起来很过分,也很不公平。②福克纳真诚地希望看到南方改变,但他认为由武力或精神压制带来的迅速变革,长远来看只会弊大于利。

1956年,福克纳接受德怀特·戴维·艾森豪威尔总统邀请,担任了"从人民到人民"项目的作家委员会主席。这是一个促进美国与其他国家民间交流的组织。许多知名作家都拒绝了该职务,有些人对福克纳有意参与表示出惊讶。福克纳向他的一个朋友解释说:"你的总统请你做什么事的时候,你要去干好。"

接下来的几周里,文学批评家哈维·布赖特同意与福克纳共同担任主席,兰登书屋的萨克斯·康民斯和让·艾尼也主动帮忙整理通信和文字材料。福克纳给其他作家发去问卷,就如何改进国际关系向他们征求意见。结果出来并制成表格后,委员会在纽约召开会议通报成果。最终报告由福克纳、约翰·斯坦贝克和唐纳德·霍尔共同签字,建议放宽签证条件,以便来自匈牙利和其他国家的难民更容易进入美国;世界各地的人都可以到美国体验为期两年的"普通美国人生活";美国政府可开发另外一个项目,向其他国家发放美国书籍、戏剧和电影。最后,作为补充条款,委员会希望能释放埃兹拉·庞德。③该项请求应归功于福克纳,福克纳说:"由总统任命的委员会主席是被瑞典政府授予诺贝尔文学奖、接受法国政府颁发的勋章的人,美国政府却把最好的诗人关押起来了。"

尽管在当时的环境下,福克纳强烈的爱国情感和信仰让他在公共舞台上越来越活跃,他仍然会找时间创作小说。人生的这个阶段很难产出新的灵感,但有一些之前的故事和角色需要改进,约克纳帕塔法历史中也有一些空档需要补齐。虽然马尔科姆·考利认为福克纳的小说已经具有一个完整的情节结构,福克纳还是想要对整个体系进行完善,写好未交代清楚的情节,补充缺失的片段。完成此类工作需要花很多时间和精力。

这些任务中最重要的就是完成斯诺普斯家族的故事。虽然已经完成了1926年的《父亲亚伯拉罕》和后来的《村子》这两部小说以及许多短篇故事,但斯诺普斯家族的故事还未讲述完整。1955年12月,福克纳重拾弗莱姆·斯诺普斯的故事,在之前已经出版的许多短篇故事基础上,增加了弗莱姆征服法国人湾后在杰斐逊镇平步青云的故事。弗莱姆的死敌是"斯诺普斯警戒哨"加文·史蒂文斯和弗·基·拉特利夫。史蒂文斯是海德堡大学毕业的律师,疯狂爱着尤拉·斯诺普斯;缝纫机销售商拉特利夫与另外几人在小说《村子》中被弗莱姆击败。但是,史蒂文斯和拉特利夫并非精明狡诈的弗莱姆的对手。《小镇》混合了荒诞不经的故事讲述和社会现实主义元素,福克纳将其题献给菲尔·斯通,因为"这三十年他包揽了一半的笑声"。

在这期间,福克纳仍与吉恩·斯坦保持联系,不时在密西西比和纽约见面,两人合作完成了大多数批评家认为他最好的一次访谈。访谈发表在著名的《巴黎评论》上,里面有许多福克纳关于艺术的名言。福克纳说:"成为一名作家需要三个条件:经验、观察、想象。任取其二,有时甚至其一,就能弥补另外一两项的不足。"福克纳称,所有的艺术想要"用艺术手段捕捉瞬间,也就是生活本身,将其固定下来。一百年之后陌生人再看时,因其本身的生命力,它仍会显得楚楚动人"。[④]谈到作家的责任,福克纳认为:"作家只对他的作品负责。"谈到约克纳帕塔法系列时,他评论说:"我喜欢把自己创作的那个天地比作整个宇宙中的一块拱顶石,石头虽小,但万一抽掉,整个宇宙就要垮塌。"

和琼·威廉斯一样,吉恩·斯坦越来越担心福克纳的年龄,更忧虑他过度饮酒致健康状况越来越糟。最终她和琼一样离开了福克纳,找了年轻的伴侣。再次经历失败的感情,福克纳伤心欲绝。

具有讽刺意味的是,随着福克纳和吉恩分手,埃斯特尔在忍受多年的耻辱和不幸后,同意与福克纳离婚了。吉尔、

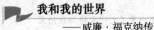
周周和马尔科姆都已经长大成家了,埃斯特尔对婚姻已经没有任何留恋。现在她想给予福克纳自由。

　　然而,福克纳拒绝了她的提议。他要和曾经爱过的第一位女人走完自己的余生。

注解:

① 福克纳后来把这篇在南方历史联合会上的发言稿进行了扩充,题为《论恐惧:劳动中的偏远南方:密西西比》,发表在 1956 年 6 月号《哈珀斯》杂志上。

② 鲍德温对福克纳的批评,参见《福克纳与种族融合》一文,收录在《没人知道我姓名》中,德尔出版公司 1961 年出版。

③ 庞德被控叛国罪,主要因为他第二次世界大战期间所持支持法西斯主义的立场。他并未关押在监狱,而是在一所精神病院。

④ 批评家们早已注意到福克纳作品中经常出现的艺术替代品意象,如《去吧,摩西》中的老账簿以及《修女安魂曲》中窗玻璃上刻的名字,均形象地传达了艺术作品的传承价值。

第十二章

晚年岁月

1956 年 4 月，福克纳接受邀请，成为位于夏洛茨维尔市的弗吉尼亚大学的驻校作家。1957 年 2 月，他开始在那里工作。他搬家了，为的是让自己和埃斯特尔能住得离吉尔及其家人更近一些。此时福克纳已经有了第一个外孙。但在一次新闻发布会上，福克纳给出了另一个理由："我喜欢弗吉尼亚州，也喜欢这里的人，因为弗吉尼亚人都很势利，而我也喜欢势利小人。这种人不得不花很多时间做势利小人，以至于几乎没时间过问别人的事，所以在这里我生活得很愉快。"福克纳并不完全是在开玩笑。在此，他再次表达了对隐私的渴望，或许他也很高兴能暂时离开奥克斯福，因为在种族融合与其他相关问题上持有的争议立场，让福克纳感受到了那里的敌意。

吉尔在拉格比路为父母找了一栋房子，步行二十分钟即可到学校。福克纳立即着手他的工作，走进了弗雷德里克·格温教授的美国文学课堂，并回答了学生们有关《喧哗与骚

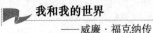
动》的问题,这是他们当时的一次作业。格温、同事约瑟夫·布罗特纳和系主任弗洛埃德·斯托瓦尔组成了一个委员会,负责协调福克纳在校期间的各项活动。格温和布罗特纳均曾在第二次世界大战中服役,格温是轰炸机飞行员,布罗特纳是投弹手,福克纳很快就与两人打成一片。格温的办公室变成了"中队室",三个人聚在一起喝咖啡、聊天、讲故事。后来,福克纳为这个"空军中队"绘制了一块表彰铭匾,任命格温为咖啡供应官、布罗特纳为杯子维护官,他自己则是首席谈话官兼杰克·丹尼尔联络官(杰克·丹尼尔是美国威士忌品牌)。福克纳签上欧内斯特·韦·特鲁布拉德的名字,这个虚构的名字是他三十年前偶尔使用过的一个笔名。

那一学期剩下的时间里,福克纳会见了本科生、研究生以及校内外的其他组织和团体。他还在学校的小办公室里与个别学生座谈。格温说服福克纳允许他们在课堂和座谈会上录音,并与布罗特纳根据这些磁带录音出版成书——《福克纳在大学》。该书早已成为福克纳学者和读者不可多得的工具。

福克纳在夏洛茨维尔找到了真正的乐趣,其一是有更多的机会去骑马和打猎。尽管福克纳一直是孟菲斯郊外日耳曼敦一家狩猎俱乐部的付费会员,但多年以来他很少参加活动。吉尔始终保有从父亲那里学到的对马和猎犬的热爱,一直是法明顿狩猎俱乐部的成员,最终成了俱乐部的驯犬专家。她把父亲介绍给俱乐部的猎手格罗夫·范德文德,于是福克纳也成为范德文德农场的常客,去那里练习马术。虽然福克纳算不上一名专业的骑手,但到了秋天,他已能和其他猎人一起参加一年一度的猎狐大会了。

1957 年 3 月，福克纳再次响应国务院号召，前往希腊进行为期两周的访问。这期间他参加了《修女安魂曲》的演出，会见了分别饰演谭波尔·德雷克和加文·史蒂文斯的演员，在雅典工人俱乐部面对一千二百名会员发表了演说，并会见了学生团体。他穿过乡村前往德里和迈锡尼，乘坐游艇去了纳夫普利翁和其他景点。回到雅典之后，他获颁雅典学院银质奖章。在获奖演说中，福克纳称自己既是一个美国人，又是一位作家。福克纳说："伯里克里斯的太阳在地球上投下文明人的影子，这个影子一直延伸并影响到了美国。"他将会提醒祖国的每一个人："希腊民族具有的坚韧、勇敢、独立和骄傲等品质无比珍贵，不能失传。"

回到夏洛茨维尔，福克纳完成了这学期的任务，等待着《小镇》的出版。这是斯诺普斯三部曲的第二部，最终于 5 月 1 日问世。书中三位叙述者弗·基·拉特利夫、加文·史蒂文斯和契克·马礼逊分别讲述了弗莱姆·斯诺普斯从法国人湾到杰斐逊镇的传奇经历：他先是当上该镇水厂的主管，接着通过计谋成为银行行长，并利用妻子与现任董事长曼弗雷德·德·斯潘的婚外情来推进他的计划。拉特利夫作为来自《村子》中向弗莱姆复仇的人，招来律师史蒂文斯作为他与"斯诺普斯主义"斗争的同道战友。加文也爱上了尤拉·斯诺普斯，但却输给了斯潘，后者最终赢得她的芳心。拉特利夫和加文都反对弗莱姆，但是均未成功。而弗莱姆成功地煽动了更多的斯诺普斯们进驻杰斐逊镇，结果整个小镇都被这个争强好斗、道德沦丧的家族占领了。小说最后，德·斯潘因丑闻曝光而被赶出城镇，弗莱姆顺利当上了银行行长，尤拉自杀。弗莱姆贪得无厌，先是吞下法国人湾，继而将杰斐逊镇收入囊中。

　　许多读者认为《小镇》娱乐性强、风趣幽默，但大多数批评家严厉批评了这部小说。著名批评家阿尔弗雷德·卡津将其描述为"疲惫不堪、蠢蠢欲动、无聊至极、近乎轻率"。福克纳从不过多关注批评家的言论。因为到了这个年纪，手握诺贝尔奖、普利策奖、国家图书奖及其他知名的荣誉，他便更不在乎了。此外，他已经开始写作下一部著作——《大宅》，也即斯诺普斯三部曲的终章。

　　在生命的最后五年里，福克纳和埃斯特尔两人往返于夏洛茨维尔和奥克斯福两地之间。他仍然是格林菲尔德农场的老板。虽然大部分的管理工作都留给了佃户，但福克纳还是觉得自己有义务不时地到那里露个面。此外，他母亲身体欠佳，需要他帮助请医生，付医疗费。

　　他很喜欢在弗吉尼亚大学的经历，所以接受邀请，下一年续聘为驻校作家，后来又成为鲍尔奇美国文学讲习教师。这位曾经的高中辍学生成了美国最古老最负盛名的大学之一的教员。不久之后，为了向该大学表示感谢，他在遗嘱中添加了一项条款，即创建威廉·福克纳基金会，主要负责将他手中的所有手稿赠送给弗吉尼亚大学。

　　1959 年 1 月，《修女安魂曲》在纽约开演，这是令福克纳特别欣喜的一件事。早在 1951 年，他成功地将剧本改编成一部小说后，便对该剧失去了兴趣，但出于友情，福克纳很高兴将该剧的版权交给鲁思·福特。多年过去了，鲁思和她的丈夫扎卡里·斯科特成功地把这部剧搬上了舞台。这部剧在伦敦公演时备受好评，而且鲁思饰演的谭波尔·德雷克受到了极高的赞誉。演出后来转场到了纽约。福克纳没能出席纽约首演，仍然写信祝贺鲁思，不忘来一句："上帝保佑你，我只希望这部剧能为你增光添彩。"不幸的是,纽约评论界不像伦敦的同行们那样对该剧感触颇深,演出四十三场之后便草草收场。

《大宅》是斯诺普斯三部曲的第三部,也是最后一部,于1959 年 11 月 13 日出版。这部小说是叙述弗莱姆·斯诺普斯起伏命运的完结篇。弗莱姆爬上杰斐逊富豪榜的顶端之后,终于发现他唯一缺少的东西是体面,于是他拼命一搏。小说的大部分篇幅重复了《村子》和《小镇》中的素材。福克纳以弗莱姆被堂弟明克·斯诺普斯谋杀结束了三部曲。明克将自己被判二十年监禁归咎于弗莱姆,而非自己之前的一次谋杀。琳达·斯诺普斯是尤拉的女儿,在加文·史蒂文斯的帮助下摆脱了父亲的恶毒影响,就像《喧哗与骚动》中凯蒂的女儿昆丁从杰生·康普生的仇恨中逃脱一样。琳达的获救增加了一层美好的色彩,否则情节太过悲惨。在明克·斯诺普斯这个人物的处理上,福克纳容许他有两个命案在身,这样更能唤起人们对世上穷苦大众和被压迫人民的一贯同情。

早期批评家们力证此书过度重复使用先前作品素材,认为《大宅》是斯诺普斯三部曲中最差的一部,原本可以成为一部独立的作品。但在福克纳的设计和想象中,斯诺普斯故事是一部完整的作品,是一部长篇编年史中分散的章节,而非三部小说。1964 年,兰登书屋尊重福克纳生前的意见,出版了一套盒装小说,标题为《斯诺普斯:三部曲》。此前,沃伦·贝克已经成为第一个将斯诺普斯三部曲作为一个整体进行研究的学者,他的《变迁中的人:福克纳的三部曲》出版于 1961 年;其他批评家,尤其是詹姆斯·本·华森和约瑟夫·乌尔果,效仿了他的做法。[①]因此,《斯诺普斯》在福克纳经典中的价值日益凸显出来。

1960 年 10 月 16 日，莫德·法克纳与世长辞。在她病重期间，福克纳携埃斯特尔住在奥克斯福，他花费很多时间陪伴在病榻边。在很多奉福克纳为伟大作家的人中，莫德是矢志不渝的一位，现在她就要走了。当莫德即将谢世之时，福克纳讲一些天堂的故事安慰她。莫德听到其中一个时便问："我在那儿一定会见到你父亲吧？""不一定，"福克纳回答说："你不想见的话就碰不上。""那就好，"母亲说："我就没喜欢过他。"

母亲去世后，福克纳意识到吉尔也不会回老宅居住了，自己与奥克斯福之间的纽带大大削弱了，他和埃斯特尔会更多地住在弗吉尼亚。事实却是，他们和往常一样奔波于夏洛茨维尔和奥克斯福两地，部分原因是为了避免在弗吉尼亚州和密西西比州缴税。

在这两个地方，他不忘骑马，不是在罗湾橡树的牧场练习腾跃，就是在夏洛茨维尔的法明顿和凯斯威克两个俱乐部赛马。然而，福克纳最终为自己的骑行活动付出了沉重的代价。尽管他不是一名专业骑手，他却甘于冒险去练习追逐和跳高等动作，贪享个中乐趣。他多次从马上摔下来，受过各种伤：摔断肋骨、锁骨骨折、脑震荡、椎骨骨折和牙齿崩裂，但他不愿放弃这项运动。

当然，他还继续写作，致力于创作他的最后一本书——《掠夺者》。他借用古老的苏格兰词语"掠夺者"作为标题。小说描述了卢修斯·普里斯特小时候与两个成年伙伴一起偷了祖父的汽车，到孟菲斯游玩的悲喜冒险经历。在孟菲斯，他们与妓女和赌徒结伴，卢修斯获取了一些有关责任和绅士风范的重要体会。

福克纳与奥克斯福的疏离感继续加深，部分是因为他获悉朋友和四邻正在做的丑事。菲尔·斯通把福克纳的一些物品卖给了得克萨斯大学。莫德·布朗曾寻求吉姆·西尔弗帮助出版《许愿树》，这是福克纳多年前为莫德·布朗弥留之际的女儿写的一个故事。狩猎同伴约翰·卡伦出版了一本回忆福克纳的书。福克纳认为所有这些行为都侵犯了他的隐私，更重要的是，背叛了友谊。

此时，福克纳和埃斯特尔虽然已经在夏洛茨维尔买了房子，但他们的心却别有所属。他们看上了一块二百五十英亩的名为红色庄园的宅邸，该庄园里有有上百年历史的砖房，在庄园里还能看到蓝岭山脉的全景。福克纳开始四处筹资计划将其买下。

尽管晚年身体状况越来越差，他仍然不时接受邀请公开露面。他到普林斯顿大学主持了一个作家研讨会，履行了他在萨克斯·康民斯死前所作的承诺。在丹佛召开的一次联合国教科文组织会议上，他发表了热情洋溢的讲话。他应主办国的盛情邀请，作为文化大使到访委内瑞拉加拉加斯，参加由美国政府赞助的为期两周的国际关系项目。他前往纽约为约翰·多斯·帕索斯颁发小说金奖，本人也再次获得国家文学艺术协会颁发的小说金奖。负责给他颁奖的是同样来自密西西比州的作家尤多拉·韦尔蒂。正是在那个颁奖仪式上，琼·威廉斯的小说《晨钟暮鼓》获得一万美元的奖金。福克纳曾给这部小说提出建议并提供帮助。

然而，有一次活动福克纳拒绝参加。约翰·菲茨杰尔德·肯尼迪总统邀请他到白宫参加正式晚宴。福克纳不去，说："我年纪太大，不能走那么远和陌生人一起吃饭。"

1962年4月，福克纳到西点军校进行了为期两天的访问。他一直热衷于军旅生活，他的女婿保罗·萨默斯1951年毕业

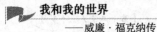
于此，这次也陪同前来。在西点军校，福克纳参加了由校长威廉·卡·韦斯特莫兰将军主持的正式晚宴，为学员和宾客朗读了他即将出版的一本书的部分章节，随后举行了记者招待会，并旁听了几节课。但是大家都注意到了，临近结束时，福克纳看上去非常疲倦。

1962 年 6 月 4 日，即福克纳去世前的一个月，最后一本书《掠夺者》出版了。这部小说经常与莎士比亚的最后一部戏剧《暴风雨》相提并论，因为这部作品以欢快、轻松的喜剧结束了他之前以黑暗悲剧为主的写作生涯。在《掠夺者》中，福克纳回到了他在《圣殿》中使用的故事地点孟菲斯，还无数次提及早期小说和故事中熟悉的人名和地名。这本书代表了约克纳帕塔法的告别之旅。值得注意的是，福克纳把这本书题献给了他的外孙们，希望他们无论生活多么艰辛和痛苦，都要活下去。

到《掠夺者》出版的时候，福克纳和埃斯特尔已经回到奥克斯福。他签赠一册给菲尔·斯通，尽管两人关系已经冷到几乎不说话。福克纳很沮丧，多处伤病引发的疼痛迫使他去看医生，当时便告诉侄子吉米自己怀有即将离去的预感。然而即便如此，他仍然肆无忌惮地骑马。

6 月 17 日，星期日，福克纳骑马穿过贝雷森林时被甩马下，再次严重受伤。在接下来的几天里，为了减轻痛苦，他开始大量饮酒。鉴于病情恶化，埃斯特尔和吉米决定带他去拜哈里亚接受治疗，这次他未反对。

吉米和埃斯特尔于 7 月 5 日下午开车送他到拜哈里亚莱特疗养院，一直陪伴在侧。直到护士和医生给他做完检查，吉米和埃斯特尔才返回奥克斯福。临走之前，吉米告诉他：

"威尔老兄，你准备回家时就告诉我，我会来接你的。""好的，吉姆，"福克纳答道："我会的。"

随着夜幕降临，福克纳似乎在舒服地休息，但午夜过后，他便醒来，坐在床边，然后一言不发地倒了下去。怀特医生紧急给他施行胸部按压，并尝试通过人工呼吸进行心肺复苏，但所有的努力都归于徒劳。1962 年 7 月 6 日，六十四岁的福克纳在老上校生日那天，穿越了之前常说的"遗忘之墙"。就在一年前，他为另一位伟大作家去世时所写的话现用到自己身上也很贴切："当眼前的门关闭时，他已然在门上写下每一位艺术家预见和痛恨死亡时所说的那句话：'我曾来过。'"

1954 年时，在为《福克纳读本》一书所写的前言中，福克纳表达了与任何一位作家相同的愿望——作品能在作家去世后继续流传："人总有一天会消亡，但这已经无关紧要，因为在冷冰冰的印刷文字里茕茕孑立着本身就无懈可击的东西，这种东西一直在人类心灵和肉体中激发出亘古不变、生生不息的激情。虽说有些心灵与肉体的所有者、保管者已经远逝，其后的几代人却依然呼吸着同样的空气，依然罹受着同样的苦痛。如果人们过去曾经成功地得以励志，不言自明的是，即使人类只剩一个死僵且渐愈暗淡的姓名，鼓舞人心的事物也永恒不灭。"

今天，遍布世界各地的众多福克纳迷们证实了他的期冀。

注解：

① 詹姆斯·本·华森的《斯诺普斯困境：福克纳的三部曲》由迈阿密大学出版社 1972 年出版，约瑟夫·乌尔果的《福克纳的伪经：＜寓言＞＜斯诺普斯＞和人类的反叛精神》由密西西比大学出版社 1989 年出版。

后记

福克纳去世后，他的名声和影响力到达了世界各地，他的作品已被译成四十多种语言。诺贝尔奖得主哥伦比亚的加西亚·马尔克斯、日本的大江健三郎、秘鲁的豪尔赫·瓦尔加斯·略萨、中国的莫言以及一大批其他国家的作家都承认福克纳深深地影响了他们的创作。福克纳仅作为"南方"甚至"美国"作家的日子一去不复返了。今天，他的号召力确实是全球性的。

福克纳的声誉日益见长，已经催生了常说的"福克纳产业"。自从福克纳1950年获得诺贝尔奖以后，学界每年出版一百多部（篇）关于福克纳及其著作的书籍和文章。弗吉尼亚大学、密西西比大学、得克萨斯大学和东南密苏里州立大学收藏了福克纳的大量作品、手稿和文档；另有其他几所学校和机构拥有小部分收藏。密西西比大学自1974年以来，每年举办福克纳与约克纳帕塔法年会——这是专门讨论某一位作家的历史最久的美国研讨会。美国和日本都设有威廉·福克纳协会。2006年，会员数量总计达六十万的奥普拉·温弗瑞图书俱乐部在温弗瑞组织的"福克纳之夏"期间共读了三部福克纳小说。他的七部长篇小说和七个短篇故事已被改编成电影。①

目前，福克纳的文学作品已经广为人知。也许不太为人所知的是这位写书人的故事。许多优秀的福克纳传记早已出版，但大多都是学界为学界而作的。手头这本书则面向广大普通读者群体，尤其是年轻读者。本书旨在帮助读者更好地鉴赏一位举世瞩目的伟大作家的文学作品，希望读者更好地了解这个人，这位创作了不朽作品的艺术家。

福克纳在诺贝尔获奖演说中说，艺术创作源自"人类精神的痛苦与汗水"。对他来说，这场斗争尤其激烈。他人生的大部分时间穷困潦倒，不被看好，长期罹患抑郁症，沉迷酗酒，个人生活并不幸福——福克纳克服了巨大障碍才取得成功。他小说和故事的一个重要主题是忍耐，他的传记也满满地展示了这种品质。就像他笔下最令人钦佩的人物一样，福克纳忍耐了下来，他最终取得了胜利。不仅是作品，他的人生经历本身也在激励其他人负重前行。

注解：

① 这些作品包括《圣殿》《坟墓的闯入者》《喧哗与骚动》《标塔》《村子》《掠夺者》《我弥留之际》《换位》《烧马棚》《献给爱米丽的玫瑰》《明天》《熊》《两个士兵》和《断腿》。

福克纳大事年表

1897　9月25日生于密西西比州新奥尔巴尼

1898　举家搬迁至密西西比州里普利

1902　举家搬迁至密西西比州奥克斯福

1913　为奥克斯福分级学校计划出版的年鉴画了一套
　　　卡通漫画

1914　开始与菲尔·斯通的友谊

1915　中学退学

1918　被青梅竹马的恋人埃斯特尔·奥多姆（嫁给康奈
　　　尔·富兰克林，中文名为樊克令）抛弃；加入英国
　　　皇家空军；在加拿大多伦多接受飞行训练

1919　被密西西比大学破格录取；首次在全国性杂志上
　　　发表作品（《新共和》刊载小诗《牧神的午后》）

1921　短暂生活、工作于纽约；被任命为密西西比大学
　　　邮电所所长

1924　出版《大理石牧神》（诗集）

1925　短暂居住于新奥尔良；爱上海伦·贝尔德；游历欧
　　　洲

1926　再次居住于新奥尔良；合著《舍伍德·安德森及
　　　其他克里奥尔名人》；出版小说处女作《士兵的报
　　　酬》

1927　出版《蚊群》

1929　出版首部约克纳帕塔法小说《沙多里斯》；与埃斯特尔·奥多姆结婚；出版《喧哗与骚动》；在密西西比大学校园电厂工作

1930　出版《我弥留之际》；购置罗湾橡树

1931　女儿亚拉巴马夭折，仅存活九天；出版《圣殿》和《这十三篇》（短篇故事集）

1932　在好莱坞当编剧；父亲去世；出版《八月之光》

1933　出版《绿枝》（诗集）；获得电影《命限今朝》的联合编剧署名权；《圣殿》被改编为电影《可怜美玉陷泥淖》；女儿吉尔出生

1934　出版《马丁诺医生》

1935　出版《标塔》；在好莱坞工作期间遇见梅塔·卡朋特

1936　弟弟迪恩在飞行事故中丧生；合作编剧《光荣之路》；出版《押沙龙，押沙龙！》

1938　出版《没有被征服的》；购置格林菲尔德农场

1939　加入全美文学艺术学会；出版《野棕榈》

1940　出版《村子》

1942　出版《去吧，摩西》；与华纳兄弟电影公司签订长期编剧合同

1944　合作编剧《江湖侠侣》

1945　废止与华纳兄弟电影公司的合同

1946　出版《便携福克纳读本》；获得《夜长梦多》的编剧署名权

1948　出版《坟墓的闯入者》；加入美国艺术与科学学会

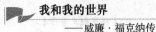
1949 《坟墓的闯入者》在奥克斯福现场摄制；出版《让马》（短篇故事集）

1950 获颁美国文学艺术学会豪威尔斯小说奖章；出版《威廉·福克纳短篇故事集》；获颁 1949 年诺贝尔文学奖

1951 《威廉·福克纳短篇故事集》荣获全美图书奖小说奖；出版《修女安魂曲》；在女儿吉尔所在的大学附中班级作毕业演讲；接受法国骑士团长荣誉勋章

1952 在密西西比州克利夫兰的三角洲理事会上作演讲

1953 在女儿吉尔所在的马萨诸塞州威尔斯利的松树庄园学院毕业典礼上作演讲

1954 出版《寓言》

1955 《寓言》荣获全美图书奖和普利策奖；随美国国务院官员出访日本；出版《大森林》

1957 受聘为弗吉尼亚大学驻校作家；随国务院官员出访希腊；出版《小镇》；舞台剧《修女安魂曲》在伦敦上演

1958 参加普林斯顿大学的人文理事会

1959 《修女安魂曲》在百老汇上演；出版《大宅》

1960 受聘为弗吉尼亚大学教员；母亲去世

1961 随国务院官员出访委内瑞拉

1962 获颁全美文学艺术协会小说金质奖章；在西点军校朗诵小说章节；出版《掠夺者》；在密西西比州拜哈里亚莱特疗养院死于心脏病（7 月 6 日）

福克纳创作年表

1924 《大理石牧神》(*The Marble Faun*)

1926 《士兵的报酬》(*Soldiers' Pay*)

1927 《蚊群》(*Mosquitoes*)

1929 《沙多里斯》(*Sartoris*);《喧哗与骚动》(*The Sound and the Fury*)

1930 《我弥留之际》(*As I Lay Dying*)

1931 《圣殿》(*Sanctuary*);《这十三篇》(*These 13*);《沙漠里的牧歌》(*Idyll in the Desert*)

1932 《八月之光》(*Light in August*);《这片土地》(*This Earth*)

1933 《命限今朝》(*Today We Live*);《绿枝》(*A Green Bough*)

1934 《马丁诺医生》(*Doctor Martino and Other Stories*)

1935 《标塔》(*Pylon*)

1936 《光荣之路》(*The Road to Glory*);《押沙龙,押沙

龙！》（*Absalom, Absalom!*）

1937 《贩奴船》（*Slave Ship*）

1938 《没有被征服的》（*The Unvanquished*）

1939 《野棕榈》（*The Wild Palms*）

1940 《村子》（*The Hamlet*）

1942 《去吧，摩西》（*Go Down, Moses*）

1944 《江湖侠侣》（*To Have and Have not*）

1945 《献给爱米丽的玫瑰》（*A Rose for Emily and Other Stories*）

1946 《便携福克纳读本》（*The Portable Faulkner*）；《夜长梦多》（*The Big Sleep*）；《＜喧哗与骚动＞＜我弥留之际＞合集》（*The Sound and the Fury and As I Lay Dying*）

1948 《坟墓的闯入者》（*Intruder in the Dust*）；《老人河》（*The Old Man*, 新美国文库平装本）

1949 《让马》（*Knight's Gambit*）

1950 《威廉·福克纳短篇故事集》（*Collected Stories of William Faulkner*）

1951 《盗马贼笔记》（*Notes on a Horsethief*）；《修女安魂曲》（*Requiem for a Nun*）

1954 《福克纳读本》（*The Faulkner Reader*）；《寓言》（*A Fable*）；《＜野棕榈＞与＜老人河＞合集》（*The Wild Palms and The Old Man*）

1955 《新奥尔良随笔》（*New Orleans Sketches*）；《乱世情天》（*Land of the Pharaohs*）；《大森林》（*Big Woods*）

1957 《小镇》(*The Town*)

1958 《三篇著名短小说》(*Three Famous Short Novels*);
《新奥尔良随笔(增订版)》(*New Orleans Sketches*
(expanded edition))

1959 《福克纳在大学》(*Faulkner in the University*);《大
宅》(*The Mansion*)

1962 《威廉·福克纳短篇故事选》(*Selected Short
Stories of William Faulkner*);《掠夺者》(*The Reivers*)

去世后的出版物(附有原创作年份)

1977 《牵线木偶》(*The Marionettes*,1920);《五朔节》
(*Mayday*,1926)

1979 《密西西比诗篇》(*Mississippi Poems*,1924);《威
廉·福克纳短篇故事补集》(*Uncollected Stories of
William Faulkner*)

1981 《海伦求爱记》(*Helen: A Courtship*,1925)

1982 《福克纳美高梅公司电影剧本》(*Faulkner's MGM
Screenplays*,1931-1933)

1983 《埃尔默》(*Elmer*,1925);《父亲亚伯拉罕》
(*Father Abraham*,1926-1927)

1984 《春之幻景》(*Vision in Spring*,1921-1923);《戴
高乐的故事》(*The De Gaulle Story*,1942)

1985 《战争呐喊》(*Battle Cry*,1943)

1987 《乡村律师》(*Country Lawyer and Other Stories for
the Screen*,1942-1943)

1989 《种马路》(*Stallion Road*,1945)

附录一

阅读福克纳小说的几点建议

　　大多数人对第一次阅读福克纳小说的经历会记忆犹新。即使对于我们这些阅读、教授与研究了一辈子福克纳小说的人来说，当时那种焦虑、迷惑与彻头彻尾的挫败感始终伴随着我们的初读体验。信不信由你，说到福克纳小说之难，我们都深有体会。

　　那么，为了说服那些不喜欢读或者被福克纳作品吓倒的人们，一位福克纳的资深读者说些什么才能让他们意识到不读福克纳作品会错失某些伟大的阅读体验呢？他会提出怎样的建议才能让大家更容易地入门，并开始与福克纳的小说世界进行互动呢？

　　下面是我热情洋溢、收获颇丰地研读四十多年福克纳作品之后，为学生们提出的阅读福克纳作品的几点建议。

一、要有耐性

　　把一本福克纳小说当成一个悬疑或侦案故事——但是要你自己而不是故事中的某个人物做侦探。或者，将其视为一个眉目逐渐清晰的庭审案例,你自己就是陪审员,坐在法庭上聆听、分辨各种陈述。有时不同目击者的证言会自相矛盾,但你心里明白,到最后,你必须做出自己的判断:故事的真相如何,到底是谁在撒谎,谁说了真话。你要主动制止那种内心需求应立刻得到满足的想法;要学会欣赏并享受这个情节、人物和主题慢慢呈现,直到最后真相得以大白的过程。

或者换一个略高雅的说法,将福克纳的小说看成具有交响乐的结构。正如交响乐会从一个乐章转换到另一个乐章,展示各种各样的情感与听觉冲击,变换乐音的速度与节奏,有时还会引入主乐调(与某观念、人物或情境密切相关的乐句)和主题(后续会深入呈现),有时还会闪回以重复刚刚演绎过的主题,然而它总是会向着最终不和谐音的消解迈进。福克纳的小说就是如此,使用了不断变换的腔调和文字效果、暗示和预兆、重复与总结、时序向前或向后延伸,所有这些技巧都是作家有意让故事不是在书本纸面上,而是在读者心目中和想象中成型。

从不同角度看,福克纳讲的故事主要是给人留下印象而不是引导读者关注事件或事实本身,正如他所言,"我并不关注事实"。所以至少是在初读时,阅读福克纳小说之道就在于全身心地沉浸于丰富而强力的语言中,忘我地去感受其中的声音与节奏,领略细节描述和意象带来的愉悦,享受各色人物的话音——打住,要暂时忽略已经发生或者将要发生的事件。就像屏幕上未被聚焦的影像,福克纳的文本肯定看起来模模糊糊,至少要持续一段时间,但过后福克纳会开始慢慢拧好调焦旋钮,将故事、人物及意义越来越清晰地呈现出来,但不要奢望他明白无误地告诉你这些。

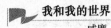
二、愿意重读

有采访者曾经问福克纳："很多人说他们看不懂你的小说，即使是读了两三遍之后还是不懂。你建议他们怎么办呢？"福克纳回答说："读第四遍。"这并不全是戏言。

现在有个广为接受的论断是，我们读不懂诸如詹姆斯·乔伊斯、托马斯·斯特尔那斯·艾略特、弗吉尼亚·伍尔夫和福克纳等盛期现代主义小说家的作品，我们只能不断重读。可是，这怎么就如此成问题了呢？所有伟大的文学作品都值得多次阅读，每读一遍，我们都会在文本中有新的发现，而它正是我们之前没有注意或者理解不够之处。列昂内尔·特里林曾经说过，人人都应把《哈克贝利芬》读上至少三遍——年幼时读一遍，中年时读一遍，老年时读一遍。大多数有经验的读者总体上是赞同这一说法的，但我们大部分人依然坚持自己的奢望（尽管听起来有些幼稚），认为一部小说的涵义会在我们第一次阅读时清晰且完整地呈现出来。

说来有趣，也颇具讽刺性，文学差不多是我们有如此感觉的唯一一种艺术形式，即便相信一旦重读则意味着作者的败笔。诚然，我们不会在绘画、建筑、音乐或舞蹈上持有这个观点。例如，我们并不会对一幅油画或雕塑品只看一眼，反而会买下来，放在一个方便观赏之处，然后一遍遍地欣赏，看的次数越多，就越会欣赏有加。同理，我们乐于一次次地去聆听美妙的音乐、观赏非凡的舞蹈表演，真是百赏不厌。我们的读书体验也不过如此，尤其是读那些伟大作品的时候。即使我们认可上述观点，仍然要承认福克纳是一个特例。所有伟大作家的作品都值得重读，福克纳的作品则要求必须重读。况且，全世界大批的追随者已经证实，福克纳的作品是值得不断重读的。阅读福克纳的作品确实构成挑战，但重读过程带来的回馈远远大于付出的努力。

三、专注于人物

福克纳的小说将重心放在人物上，而非技巧、风格、情节、主题上。据他自己所称，他作为作家的首要目标，是要"创造有血有肉的人物，一旦站起来就会投下阴影的那种"。晚年，他聊起早期作品之时说："我记住了人物，却想不起他出自哪个故事，也记不住他所做之事。我必须回头找一找，才能确定他的具体事迹。不过，我的确记住了那个人。"对于其他人的作品，他的看法也基本类似："我先想到的不是作家，而是他们的人物。"他说："我记住了他们所写的这些人物，却不一定能够记住这个作品的作者是谁。"

对于福克纳个人而言，小说的核心就是人物，也许是因为除了莎士比亚和查尔斯·狄更斯之外，还没有一个作家能够塑造如此大量的引人入胜、令人过目不忘的人物形象。因此，接触福克纳小说的一个捷径就是了解其中的人物。他们是谁？他们想了什么，做了什么？他们命运悲惨还是滑稽搞笑，令人同情还是荒诞不经，重于泰山还是轻于鸿毛？为什么他们会如此思、行？换句时髦的话说，他们的动机何在？

有鉴于此，我们有必要回顾一下历史。福克纳那一代的作家成年之时，正是心理学成为一门严肃科学的时期。福克纳青壮年时，弗洛伊德风靡一时，大量作家都将弗洛伊德有关人类性格与行为的概念纳入小说中。意识与无意识的互动，早期儿童经历对成人行为的影响，自我与他人（以及我们另一个自我）的关系，健康与神经官能症的本质与成因，所有这些问题不仅弗洛伊德及其追随者探讨过，那一时期的大作家们也没有放过。这些作家中,没一个能比福克纳做得更好。想想吧,那种细致入微的精神病学案例分析完全可以,或者确实已经,从《我弥留之际》中的艾迪、达尔或珠尔·本德仑身上获取,可以从《喧哗与骚动》中的凯蒂、昆丁或杰生·康普生那里获取;也可以从《八月之光》中的乔·克里斯默斯、乔安娜·波顿或盖尔·海托华那里获取,甚至从其他十几位福克纳人物身上得到。这是一个异常迷人的游戏,任何一位读者都能够参与,并且福克纳也在主动力邀我们那样去做。

四、回归作品的历史语境

有些读者发现,福克纳的创作令人反感,因为里面有些表达方式和人物形象在今天看来带有种族或性别偏见。无可否认,如以当前的标准衡量,福克纳的种族和性别观念(以及对政府、经济和其他一些话题的看法)均非常保守;然而,同样不可否认的是,作为一个彼时彼地的南方白人,他已经被看作超前于大部分同时代的人了,甚至属于"自由派"——的确,他要比很多家族成员和密友更具自由主义精神。要是因为莎士比亚有点反民主倾向,我们就拒绝阅读,那就太令人惋惜了;同样道理,仅仅因为福克纳的书里包含了一些在今天看来确实不合时宜的语言和观点,就不去读他,那我们的损失太大了。

福克纳是小说家中比较具有历史性的一位。他始终坚持一个观点,也就是《修女安魂曲》中加文·史蒂文斯所说的:"过去从未死去,它甚至并未过去。"福克纳深知这一事实,就在于他在其中出生并成长的美国南方——美国的这一区域受到过去的严重困扰,尤其是悲剧事件、奴隶制余波、内战以及更为广阔的种族、阶级、性别和生态问题。福克纳的有些人物形象（就像有些南方人一样）试图冲破这一地区的悲剧命运，而其他人则不会。他的书可以看作两种力量之间的对话，通常是辩论，也涵盖了处于两派夹缝中的人们。

五、寻找永恒的故事

尽管福克纳在很多方面都属于一位典型的南方作家，然而他不仅仅属于南方，而是更加高大、更加美好。他在写给出版商马尔科姆·考利的一封信中说："我总是觉得，'南方'这个素材在我看来并非十分重要。"福克纳接着解释道，他的终极兴趣落脚于普遍的事物，在于那个"再熟悉不过的人类内心冲突的故事"，"人们处于永恒的斗争之中，我们延续下来，我们一以贯之，就好像从没发生过一样。"当然，依福克纳之见，这些斗争肯定有过，也会继续存在。

为了让自己的故事超脱美国南方的地方色彩，附有普遍人类经验的色彩，福克纳像同一时代的那些作家一样，采纳了一种被托马斯·斯特尔那斯·艾略特称为"神话法"的策略。艾略特解释说，这一策略在当代故事与古老、为人熟知的神话或叙事之间建立某种联系。艾略特那篇论述这一问题的标志性文章指出，该策略最为著名的例子当属詹姆斯·乔伊斯的《尤利西斯》，这部小说颇具反讽性地将列奥波德·布鲁姆的活动背景——1904年的都柏林——与荷马的《奥德赛》中传奇勇士尤利西斯的英勇事迹并置起来。神话法的其他著名例证可以从约翰·斯坦贝克的《愤怒的葡萄》中找到，该作将二十世纪三十年代俄克拉荷马州的西迁民众与希伯来人逃出埃及联系起来。这一策略早已超出了福克纳的时代，一个典型的例子来自弗朗西斯·福特·科波拉的《现代启示录》。这部电影是约瑟夫·康拉德的《黑暗的心脏》的

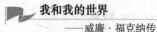
现代版演绎,而康拉德的这一小说本身又部分模仿了但丁的《炼狱篇》。

福克纳非常喜欢将旧时神话和故事纳入自己的小说中,具体表现于他反复使用成长和旅行主题、《圣经》故事尤其是伊甸园和耶稣的故事以及莎士比亚戏剧典故。与另外一些运用神话法的作家类似,福克纳通过重述和并置为人熟知的故事,以暗示一种历史循环观,暗示人性与经验的相似性。他曾经画过自己虚构的约克纳帕塔法县的地图。同理,福克纳有关人类境况的地图自杰斐逊镇(即南方)起始,向外延伸到了更广阔的世界,"人类心灵之中古老的美德与真理,一旦缺失,任何故事都会昙花一现,注定失败,这些美德与真理具体包括关爱、荣耀、同情、自豪、怜悯和牺牲。"

六、容忍含混与不确定性

水到渠成的答案和结局一般不是福克纳小说所要展示的。确实,像二十世纪早期其他现代主义文学家一样,福克纳对传统发起了正面攻击,主要对象是所谓的"精致小说",也就是那些具有标志性的直线型时序(开端—发展—结局)、干净利落的情节、完整统一的行动、简单且通常肤浅的人物刻画的小说,而所有这一切都是通过一个全知叙述者再现的。这个全知叙述者不仅讲故事,而且要提供解读,面向的是一群被动、顺从的读者,他们很少有需求、有欲望去积极介入故事中。

上述最后一点为我们理解福克纳的叙事技巧和目的提供了关键一环。他希望(或说是要求)读者与作者一道创作故事,不仅仅是为自己阐释故事内容,而且还要通过排列和拼贴不同线索和片段整理出完整的故事顺序。福克纳称,这一技巧,可以被比作观看画眉鸟的十三种不同方式。他暗引了华莱士·史蒂文斯的诗《十三种观看画眉鸟的方式》。福克纳接着说,他希望读者自己找出"第十四种"方式。

乍一看,这种福克纳式的不确定性和含混性不妨算作他的作品难读的另一个侧面。然而,事实上不确定性和含混性代表了其作品中最强烈、最积极向上的特征之一。我们已经说过,福克纳赏识主动而非被动的读者。这将是福克纳小说带给那些精力充沛、心领神会、热情高涨的读者们的多么高的赞誉啊!他说:"和我一起参与创造吧,帮我发现故事、整理故事、理解故事。你会想起那些人物及其行为。为自己解读故事吧。写下属于你自己的结尾。"要知道,读者也是艺术家呀!

附录二

《喧哗与骚动》的艺术设计

威廉·福克纳在他非凡的职业生涯中,创作了许多出色的小说。这些小说都给人留下了深刻印象,现在普遍被列为二十世纪最伟大的小说之一,以至于在福克纳的所有作品中批评家们很难就其中哪一部应当视为他的杰作达成一致意见。有些读者,包括我在内,力挺《押沙龙,押沙龙!》,还有些人更喜欢《喧哗与骚动》《我弥留之际》抑或《八月之光》;还有一些人,尽管为数不多,却会投《村子》《去吧,摩西》或《圣殿》的票。福克纳也很难挑出自己心目中最伟大的作品。他曾经告诉一位好莱坞的编剧,他相信《押沙龙,押沙龙!》是"迄今为止美国人写得最好的小说",后来他又不止一次在创作《寓言》的那十年中称其为"巨著"。但是,如果福克纳和他的崇拜者一样,永远无法确定哪部是最佳小说,那他心目中就永远不会有任何关于他最喜欢哪部小说的问题。从写完《喧哗与骚动》,把手稿交给朋友兼文学经纪人本·沃森那一刻起,他就评论道:"老兄,看这个,真的是部神作。"福克纳直到晚年走进弗吉尼亚大学的课堂时，仍然坚持认为他最喜欢的书就是《喧哗与骚动》。

1933 年夏天，这部小说再版之时，福克纳特意写过一篇导论。遗憾的是，他在世期间这篇导论一直没有发表。其中，福克纳解释了《喧哗与骚动》为什么总是在他的作品体系中占据突出地位的原因。在写作生涯中第一次也是唯一的一次，他在创作《喧哗与骚动》的过程中体验到了类似于浪漫主义诗人所信仰和赞美的那种很像神圣灵感的东西。福克纳说："这种情感是明确的、有形的，却难以描述：那种狂喜、那种热切而快乐的信念和对惊喜的期待如此强烈，也让我手底下那尚未成文的手稿以一种复杂的心情等待着我的释放。"如果我正确地理解了福克纳全文的话，这种喜悦来自形式与主题、艺术设计与现实内容之间近乎完美的平衡感，即艺术不仅是艺术，艺术还是生活。为了澄清这一点，福克纳暗引了亨利克·显克维奇的通俗历史小说《你往何处去》（1895）中的一个场景：一位罗马老人的床边一直放着一只可爱的伊特鲁里亚花瓶，他常常亲吻花瓶，以致棱角都被磨平。福克纳继续打比方说："我也给自己做了个花瓶，但我一直觉得不能一辈子都生活在里面……更妙的是，一个底裤沾了泥巴的小女孩注定要堕落，她在四月天里爬上一棵盛开的大梨树，注视着屋内葬礼上的情景。"换句话说，福克纳似乎意在说明，尽管对于任何一个艺术家而言，尝试逃离现实生活和"永远生活"在古瓮（即他完美的艺术）里总是具有极大的吸引力，而离开古瓮的禁锢，继而转向思考一个现实而具有悲剧性的故事，比如那个"注定要堕落的小女孩"身处春暖花开和祖母去世的悖论中，此情此景会是"更好"。从这一点上推断，福克纳深信的是，一件理想艺术品应该既具有古瓮的艺术品质,又具有实际经验的现实品质。

基于福克纳所见,我在这里就如何阅读他最钟爱的——也许是他最伟大的小说《喧哗与骚动》,着重从三个方面探究其中的艺术设计对现实主义意图的支持与强化,这三个方面分别为视角、人物塑造和对位的使用。

一、视角

福克纳在 1933 年那篇《喧哗与骚动》的导论中,花了大量篇幅论证了如下观点,即连续几章的视角切换是该小说叙事技巧的关键。福克纳一生中多次被问及这方面的问题。在 1955 年的一次访谈中,他给出了一个具有代表性的回答:

> 我已经开始从那个白痴孩子的视角讲述这个故事了,我觉得如果讲述者只知道发生了什么,而不知道为什么,这样做会更有效。我后来意识到那个故事讲得并不完整,又试着从哥哥的视角重述一遍,可还是不够好。我再一次从另外一个兄弟的视角讲出来,感觉仍然没有讲完。我试图把这些碎片拼凑起来,填补一些叙事空白,这次我亲自上阵。故事仍然没有讲完。直到这本书出版十五年后,我给它写了一个附录,才最终把故事讲完,我才能彻底放下,自己也很释然。

福克纳在评论 1957 年出版的《小镇》一书中那三个独立叙述者时,进一步阐明了这一技巧:

> 我有意使用这一技巧,旨在从三个视角观察同一个事物。就好比瞻仰一座纪念碑时,你会绕着它走,并不满足于仅仅看其一面。同样道理,我们也是以三种不同的心态来看待小说的。在我看来,如果这些事件可以被"观察"三次的话,我们就会得到对具体事件更加全面的描述。

这些陈述反映了福克纳对转换视角的使用是有意为之，后一段引文暗示了这项技巧的某种目的。首先，从不同视角看待事物必然与那种令人愉悦的审美体验有关：从不同视角瞻仰一座纪念碑会让人更为"满足"。其次，对于福克纳和亨利·詹姆斯来说，多重叙述者视角的使用与对真理的感知联系在一起：这样的处理赋予人物或事件"一幅更完整的画面"。福克纳的视角选择其实是一个有关美学与认识论、美与真的问题。

福克纳将视角与审美策略联系在一起，这一点在他塑造的凯蒂这一人物身上得到了呈现。有次被问及为什么不让他的"心肝宝贝"凯蒂讲自己的故事，以补充兄弟们的描述，福克纳回答说："因为凯蒂对我来说美丽至极，感人至极，真不忍心让她屈尊讲述发生的事，通过别人的眼睛看她反而会更有感染力。"然而，事实还不是很清楚。为什么对凯蒂的间接处理而不是自我描述"更有感染力"？另外一次被问及他理想中的女人时，福克纳的回答部分说明了问题：

> "好吧，我不能描述她头发的颜色、眼睛的颜色，因为一旦描述出来，她的美就会消失。每个男人心目中都有个理想的女人，只是需要用一个词、一句话乃至一个手腕或者手的姿势唤起。要描绘一个人，最美好的表达方式就是低调陈述。要知道，托尔斯泰对安娜·卡列尼娜的描述仅限于她很美，就像猫一样在黑暗中独具慧眼……每个男人对美的标准都有不同的理解。最好的办法就是从姿态、树影入手，然后让大脑创造出树来。"

在这里，福克纳表达了让读者参与审美过程的愿望。作家通过运用低调陈述与含蓄的手法，邀请读者在某种意义上为自己创造主体。当然，在这方面，福克纳可以与十九世纪

后期的印象派画家相提并论。除此之外，和大多数画家、雕塑家、音乐家、诗人以及小说家等现代艺术家一样，福克纳也具有某些共性。在现代艺术中，艺术家表现自我和唤起共鸣，欣赏者则参与、解释和实践。福克纳的小说如是，莫奈或毕加索的绘画亦如是。福克纳的叙事技巧需要读者成为创造过程中的伙伴。福克纳坚持的观点是："最好的办法就是从姿态、树影入手，然后让大脑创造出树来。"这一说法不仅解释了福克纳为何倾向于低调陈述和间接表现（如《干旱的九月》或《押沙龙，押沙龙！》的情节结构、《献给爱米丽的玫瑰》中恐怖元素的处理），还阐明了他从多个角度看待中心人物或事件的习惯。面对形态各异甚至矛盾的故事叙述，福克纳的读者必须独自对故事进行整理、排序和阐释。众多仰慕者的经历证明，这项任务是一种令人愉悦（即便有时候会感到困难）的审美体验。

值得注意的是，福克纳使用的多重叙述者视角是一个关于真与美的问题。这正如福克纳就理想女性问题发表的看法："每个男人对美的标准都有不同的理解。"这种对真理的相对感知贯穿于福克纳小说的始末，事实上，这很可能是它最显著的特征。短篇故事《黑色音乐》的叙述者说："在两个不同的人看来，万物皆不同。在一个人看来不同，这取决于他从哪一方面看。"在《大宅》中，琳达·斯诺普斯说："海明威的巴黎不同于斯科特·菲茨杰拉德的巴黎……他们只是描述了同一个空间。"就叙述视角而言，《我弥留之际》可能称得上最伟大的神品妙构，其中使用了不下十五位叙述者，每一位都带着不同的现实背景、偏见和欲望来讲述本德仑一家去杰斐逊镇埋葬艾迪的故事。福克纳关于真理与知觉之间的关系，最清晰的陈述也许来自以下对《押沙龙，押沙龙！》多重叙述者的评判：

> "我认为没有人能看透真理。它蒙蔽你的双眼。你观察它时，只会看到某一个阶段，其他人则看到另一个略微不同的层面。真理正在于他们所见之事之和，尽管没人能够完整观察到真理本身……正如您所说，观察画眉有十三种方式，但读者脑海中出现自己关于画眉的第十四张图像时，我想那就是真理了。"

《喧哗与骚动》清楚地展示了上述原则。这部小说由四个部分组成（如果算上附录的话，就是五部分），每部分有不同的叙述者。前三部分由三个兄弟依次呈现，他们是曾经盛极一时但走向没落的康普生家族的成员：三十三岁的班吉，有着孩子般的心智；昆丁，一个悲痛欲绝、选择自杀的大学生；杰生，自私无情的物质主义者。这三个部分采用了乔伊斯式内心独白技巧，但每个部分都有独特的风格和方法，具体是由各自叙述者的智力、见解和情感状态决定的。在小说第四章中，福克纳摒弃了个人的视角，转向用客观的第三人称叙述同一个故事。然而，即使在这一部分中，由于作者很少介入解释或澄清人物行为，这样的视角也一直受限。

依次相连的各个部分的叙述都只针对一个多面且模棱两可的事实呈现一个观点，最明显的表现就是对凯蒂的隐含刻画。对班吉来说，或更准确地说是对读者而言，读者必须从班吉摄像机式的记录中推导出意义——凯蒂是家里唯一爱他的人。她关心他的身体健康，抚慰他精神与情感上的痛苦，经常哄他入睡以换取安慰。在一个关键段落中，凯蒂的同情和关心展露无遗：班吉和凯蒂坐在壁炉边烤火，这时康

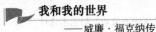
普生太太叫班吉过去。凯蒂求母亲让班吉看够了炉火再去，但康普生太太坚决不允，凯蒂很不情愿地把班吉抱到母亲身边。因为那会儿班吉在哭闹，凯蒂便请求母亲把孩子抱在膝上，但康普生太太断然拒绝："都五岁的孩子了。不行，不行。不能放我腿上。让他站着就行。"凯蒂然后就把班吉最喜欢的垫子拿来安抚他，康普生太太则下令把垫子拿走："他必须学会听话。"几分钟过后，班吉持续的哭声让康普生太太坐立难安，以至于不得不回房休息。凯蒂领着班吉回到炉边，在那里他可以看到火苗"明亮、光滑的形状"，就心满意足了。

当然，即使是在班吉那一部分，小说也展现了一个完全不同的凯蒂。她已进入青春期，开始喷香水，约男朋友。后来，我们从昆丁的叙述中得知，凯蒂与达尔顿·艾姆斯有染，并有了身孕，后来不得不嫁给赫伯特·海德，为的是让孩子能有个合法的父亲。在人生的这个阶段，她对班吉的关怀自然而然有所减少，尽管这是班吉最为反对的；最终，她把班吉交给后续的多个监护人。直到1928年，凯蒂只存在于班吉听到高尔夫球手呼唤他"球童"之际，或者是隐约地回忆起昆丁小姐的时候，记得后者大概和她母亲长得很像。机敏的读者很难忽略的是，凯蒂抛弃班吉以及随后的缺席方式，颇具讽刺意味地与其表达对弟弟的关心并承诺不离开他的场景以及班吉被勒斯特虐待的场景并置在一起。再者，从班吉的角度来看，凯蒂基本上代表着舒适和安全感。

对昆丁而言，凯蒂象征着康普生家族曾经引以为豪、现已失去的荣誉。昆丁对妹妹的真爱因对其滥交的判断而大大复杂化，昆丁的态度因此是矛盾的。像班吉一样，昆丁试图保留以兄妹之爱为象征的童年时期的田园般的纯真，但他已经意识到，在这个充满了变化的堕落世界里，那是绝不可能的。罗伯特·斯莱比指出:"昆丁对肉体、性、有限和瞬时有一种摩尼教式反感,也即一种对人类现世生活的浪漫否定,为的是转向无限和永恒。"在昆丁看来,凯蒂失去纯真已经与其滥交和总体上的性欲联系在一起。这正如康普生先生讲到的那样:"伤害你的是自然,而不是凯蒂。"但是,昆丁不能或者说不愿意区分这两者。

鉴于对理想和纯洁的痴迷(海德称他为加拉哈德),进而痴迷于童贞,昆丁视凯蒂为罪恶和邪恶的化身。他经常把凯蒂与"小荡妇"和"婊子"这样的不雅短语联系在一起,甚至有一次还叫她"妓女"。他斥责其青少年时期与男孩玩接吻的游戏,斥责其年少之时与达尔顿·艾姆斯的过早交往:"你为什么不把他带到家里来呢,凯蒂?你为什么非得像个黑女人那样,躲到草地里、土沟里、黑黢黢的树丛里?"在班吉的叙述中,凯蒂主要与树的象征有关(虽然有时与香水有关),但也与蔷薇——在"不像山茱萸和马利筋那样贞洁"这一句里——以及金银花和雪松联系在一起,这主要源于凯蒂在秋千上与情人幽会的场景。其他的联想符号在意义上也有类似的变化:在班吉的叙述中,牧场、火苗和睡眠总是与安宁和安全感联系在一起;在昆丁那一部分,牧场(如前一段引文所示)是凯蒂偷情的地方,火焰则是昆丁想要把自己与凯蒂一起隔离的地狱,而睡觉则意味着死亡。反复出现的象征符号的寓意发生了此种变化,这反映了小说中的真理部分是主观的,会随感知角度的变化而变化。

在杰生的叙述中,凯蒂再次成为关注的焦点,但她的性格也再一次随着视角的变化而改变。对班吉来说,凯蒂是一个带给他怜悯和温柔的孩子;对昆丁来说,凯蒂是一个任性的少年,玷污了康普生家族的荣耀;而对杰生来说,凯蒂

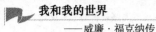

是一个骗走他在银行工作的机会并把孩子抛弃在娘家的女人。"天生是贱坯就永远都是贱坯,"杰生在叙述的开头这样说,虽然是讲给他外甥女听的,但他是针对凯蒂的。毋庸置疑,杰生就像班吉一样,几乎没有把两人区别开来:昆丁是个替罪羊,她作为凯蒂失去丈夫和杰生丢掉银行职位的耻辱化身,遭到杰生本是针对凯蒂的蔑视和虐待。

但是,与其他兄弟的叙述无异,杰生的部分实际上展示了两个凯蒂:一个是人物叙述者描述的,另一个是读者从福克纳的事件安排和讽刺意味中推导出来的。如果说凯蒂并未像班吉以有限智力水平所能推断的那么"好",那么她也不会落得像杰生所暗示的那样坏。杰生的叙述透露了很多信息:凯蒂邮寄给女儿抚养费,返回杰斐逊镇参加父亲的葬礼并看望了孩子。这些细节有助于引起读者对凯蒂的同情,很有讽刺性地扭转了杰生对姐姐的苛刻评判,为读者提供了另一种视角去解读本已零散、自相矛盾的凯蒂形象。

在小说的结尾部分,福克纳放弃个人视角,客观地讲述了故事。在上文引述的《喧哗与骚动》1933 年的导论中,福克纳指出,完成小说的前三部分之后,他曾经陷入僵局,十分有必要对人物和事件进行更客观的呈现:

> "我觉得自己只是在迎合潮流:我应该完全摆脱这本书。我意识到必须要有补充的内容,从某种意义上说,我可以把螺丝最后一次拧紧,以提取一些最终的蒸馏物。然而,又过了一个多月的时间,我才最终提笔,开始写下'这一天在萧瑟与寒冷中破晓了'那句话。"

当然,这种最终策略的结果就是写出了迪尔西部分。在该部分中,康普生家族被首次从外部考察。这种处理方式不会受第一人称叙述者的局限性和偏见的影响。班吉在这里并未展现意识流，而是从外部进行了描述：

> "一个大个子，这人身上的分子好像不愿或是不能粘聚在一起，也不愿或是不能与支撑身体的骨架黏聚似的。他的皮肤是死灰色的，光溜溜的，不长胡子；他还有点浮肿，走起路来趴手趴脚，像一只受过训练的熊。他的头发很细软，颜色很淡。头发平滑地从前额上披下，像早年的银版照片里小孩梳的童化头。他的眼睛很亮，是矢车菊那种讨人喜欢的浅蓝色。他的厚嘴唇张开着，稍稍有点淌口水。"

同样，杰生也被客观地描述为"冷酷、精明，压得扁扁的棕发在前额的左右各自弯成一个难以驭服的发卷，模样就像漫画里的酒保，榛子色的眼珠配有镶黑边的虹膜，活像两颗弹子"。在这一节中，我们还可以看到"这幢房子方方正正，已经好久没有上漆粉刷，有柱廊的门面摇摇欲坠"那摄影图一样的描述。同理，甚至更重要的是，康普生兄弟短视且以自我为中心的观点，现在已经被迪尔西无私且公开的态度和行为所取代。因此，无论是从观点还是从人物塑造上看，在迪尔西部分，主观讲述已让位于客观呈现。

福克纳明确提出，这种客观性带来的超脱性为读者提供了针对前面各部分歪曲观点的必要的抗衡性。令人震惊的是，凯蒂作为其余部分的中心焦点，在最后一章中几乎没有出现，只是她的生活模式在女儿昆丁的经历中得到复现。这种缺席是全书最大的讽刺。每位叙述者所迷恋的这个角色竟然在家族历史的终章中找不到立锥之地（福克纳通过后来的"附录"改变了小说的原初设计）。这就好像福克纳利用凯蒂的缺席来质疑康普生兄弟的自我中心论，并将他们家族的故事回置于外部世界之中一样。奥尔加·维克里指出，似乎"在这个更大的背景下，整个家族的喧哗与骚动几乎没有任何意义"。不管真实与否,当读者再一次看到康普生家族的故事时,发现它依存于外部世界。读者不得不改变看法,重新审视之前所有已接收到的信息。如果他觉得在整个过程中已获取了真理,这种认识的取得必须是在对主观和客观现实之间相互作用有了认识之后,必须是在对探求的难度有了更好的认知之后。

二、风格化的人物塑造

福克纳不仅利用视角的变换来暗示真理的相对性和复杂性,而且还采纳截然不同的语言风格去描绘个性化的人物。但是,福克纳并不总是如此。例如,《我弥留之际》《押沙龙,押沙龙!》、斯诺普斯三部曲及作者的其他小说大量运用变换的视角,但不同叙述者在句法、词汇或意象的使用上几乎没有区分。结果,所有的角色无论年龄、性别、阶级或种族如何,都说一种通用的"福克纳语"。这种语言很容易遭到调侃,就像模仿福克纳大赛中的滑稽参赛作品所表现的那样。然而,在《喧哗与骚动》中,福克纳的叙述风格与不同叙述者的性格特征完美契合。下面我用小说四个部分的开头来论证一下。①

在第一部分中,福克纳通过使用有限的词汇和基本句子结构此类极简的风格来描绘智障患者班吉的意识活动。开头段落便确立了整体的模式:

> "透过栅栏,穿过攀绕的花枝的空档,我看见他们在打球。他们朝插着小旗的地方走过来,我顺着栅栏朝前走。勒斯特在那棵开花的树旁边的草地里找东西。他们把小旗拔出来,继续打球了。接着他们又把小旗插回去,来到高地上,这人打了一下,另外那人也打了一下。他们接着朝前走,我也顺着栅栏朝前走。勒斯特离开了那棵开花的树,我们沿着

栅栏一起走，这时候他们站住了，我们也站住了。我透过栅栏张望，勒斯特在草丛里找东西。"

此段包含七个句子，其中只有两句使用附属从句。相比之下，连接词"和"出现了十次，将简单分句并列起来。此外，十七个独立的句子成分中，只有三个包含十个或十个以上的单词，十一个仅包含五个或五个以下的单词。每个独立单元的平均单词数为五点七个。这段文章的简洁性还体现在名词和动词占据的主导地位上：如果排除冠词，且将"花枝的空档"和"开花的树"作为复合名词的话，整个段落中仅出现了一个形容词（"攀绕的"）。班吉的词汇量有限，仅限于"栅栏""小旗""花"和"树"之类的具体名词，唯一一个最接近于抽象概念的词是"找"，这样的用词构成了另一种形式的避免繁难的方法。出乎意料的是，有别于福克纳对比喻语言的普遍偏爱，这段话中找不到一个明喻或暗喻。从词法上看，读者可能会辩称，"高地"和"开花的树"此类用语就是某种形式的暗喻，但对班吉而言却不是。在他看来，这种用词就像广被引用的"凯蒂有种树的味道"一样，代表的仅是字面上的联想和替代，并非隐喻式思维的抽象比较。所有上述因素均导向一个令人信服的错觉，即读者很容易接受班吉有限思维过程的准确记录。

昆丁这部分则大有不同。正如班吉部分的风格是为了贴近一个智力有缺陷的人的大脑活动一样，昆丁部分则旨在呈现一位聪明、敏感但极度困惑的大学生的意识。受限的词汇和简化的句子结构不再出现，昆丁的内心独白展示了广泛的词语选择以及重复使用的附属分句和抽象意念。开篇的句子再次为整个部分奠定了基调：

"窗框的影子显现在窗帘上，时间是七点到八点之间，

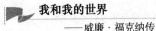

我又回到时间里来了，听见表在嘀嗒嘀嗒地响。这表是爷爷留下来的，父亲给我的时候，他说：'昆丁，这只表是所有希望与欲望的陵墓，我现在把它交给你。你靠了它，很容易掌握证明所有人类经验都是谬误的归谬法，这些人类的经验对你祖父或曾祖父不见得有用，对你个人也未必有用。我把表给你，不是要让你记住时间，而是让你可以偶尔忘掉时间，不把心力全部用在征服时间上面。'因为时间反正是征服不了的，甚至根本没有人跟时间较量过。这个战场不过向人显示了人类自己的愚蠢与失望，而胜利也仅仅是哲人与傻子的一种幻想而已。

　　"表支靠在放硬领的纸盒上，我躺在床上倾听它的嘀嗒声。实际上，应该说是表的声音传进我的耳朵里来。我想，不见得有谁有意去听钟表的嘀嗒声的。没有这样做的必要。你可以很久很久都不察觉嘀嗒声，接着在下一秒钟里你又听到了那声音，使你感到虽然你刚才没有听见，时间却在不间断地、永恒地、越来越有气无力地行进。"

这两段话以一个复杂句开头，表达了关于影子位置和白昼时间之间关系的巧妙推论，这种推论是班吉那样的智力受限之人永远无法做出的。令人印象深刻的是，文中大量出现了抽象术语（如希望、欲望、愚蠢、失望、胜利），多次使用了隐喻结构（"所有希望与欲望的陵墓"和"时间却在不间断地、永恒地、越来越有气无力地行进"）。所有这些元素都促成了这种高度理性的风格，完全契合聪明、内省而陷入困境的昆丁。

　　杰生部分展现了另一个人物类型，也就有了另一种风格。这一部分开头如下：

> "我总是说，天生是贱坯就永远都是贱坯。我也
> 总是说，要是您操心的光是她逃学的问题，那您还算是
> 有福气的呢。我说，她这会儿应该下楼到厨房里去，而
> 不应该待在楼上的卧室里，往脸上乱抹胭脂，让六个黑
> 人来伺候她吃早饭。这些黑人若不是肚子里早已塞满了
> 面包和肉，连从椅子上挪一下屁股都懒得挪动呢。"

这一段的词汇和句子结构既不像班吉部分那样过分简单，也不同于昆丁部分中精妙复杂的语言形式。这里使用的词汇更加常规化，尽管口语化程度颇高，但其粗俗程度正是人们从怨怒、功利的杰生口中所期待的。然而，正是这种无处不在的语气使得杰生部分的风格独一无二，且完美贴合所刻画的人物性格。这部分叙述是语言反讽与讽刺的杰作。例如，我们可以参考以下摘录：

> "'那么，'我说：'依我看，比起我来，你的良心是
> 个更得力的伙计啰；它到了中午不用回家去吃饭。不过，可
> 别让你的良心来败坏我的胃口。'我说，因为我的天，我怎
> 能把事情办好呢？有那么一个家，有那么一个母亲，她一点
> 不管束凯蒂，也不管束任何人，就像那回她恰巧撞见有个小
> 伙子在吻凯蒂。第二天一整天，她穿了丧服戴了面纱在屋子
> 里转来转去，连父亲也没法让她说出一句话。她仅仅是一面
> 哭一面说她的小女儿死了，而凯蒂当时还只有十五岁。照这
> 样下去，要不了三年，我妈就得穿上苦行僧那种粗毛编成的
> 内衣，说不定还是用沙皮纸糊的呢。我说，瞅着她跟每一个
> 新到镇上来的推销员在大街上兜过来逛过去，你们以为我受
> 得了吗？他们走了，她还要跟路上碰到的推销员说，到了杰
> 斐逊，可以上哪儿去找一个热辣辣的小妞。我并不是个死要

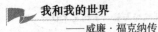

面子活受罪的人，我不能白白养活满厨房的黑人，也不想把州立精神病院的一年级优秀生硬留在家里。我说，我家血统高贵，我家祖上出过好几位州长和将军呢。幸亏咱们祖上没出过国王与总统，否则的话，咱们全家都要到杰克逊去扑蝴蝶了呢。"

这段话展示了一种非凡的智慧，是那种丝毫不能减轻根深蒂固的针对他人的苛刻甚至是仇恨的智慧。杰生的家人理所当然成为愤怒的对象。这正如他在另一个地方说的那样："别人自然会这样想：这家人一个是傻子，另一个投河自尽了，姑娘又被自己的丈夫给甩了。这么说，这一家子别的人也全都是疯子，岂不是顺理成章的吗？"杰生的价值观已因他的偏执和复仇欲望而变得如此变态，以至于他的幽默仅成为其野蛮而苛刻的愤世嫉俗理念的工具。但是，这一部分属于福克纳的最佳叙述之一，恰如克林斯·布鲁克斯所称："福克纳在这八十页的书中，对卑劣的小镇商人人生观的控诉，比辛克莱·刘易斯在好几本相关主题的小说中所控诉的还要多。"

如前所述，在小说的最后一章中，福克纳放弃了前几节的第一人称叙述，而是以中立的全知方式呈现故事。语言风格也相应地发生了变化，如开头段落所示：

"这一天在萧瑟与寒冷中破晓了。一堵灰暗的光线组成的移动的墙从东北方向靠过来，它没有稀释成为潮气，却像是分解成为尘埃似的细微、有毒的颗粒。当迪尔西打开小屋的门走出来时，这些颗粒像针似的横斜着射向她的皮肉，然后又往下沉淀，不像潮气，倒像是某种稀薄的、不太肯凝聚的油星。迪尔西缠着头巾，还戴了一顶僵硬的黑草帽，穿了一条紫酱色的丝长裙，又披了一条褐红色的丝绒肩巾，这肩巾还有一条说不出什么种类的脏脏的毛皮镶边。迪尔西在门口站了一会儿，对着阴雨的天空仰起她那张被皱纹划分成无数个小块的瘪陷的脸，又伸出一只掌心柔软有如鱼肚的枯槁的手，接着她把肩巾撩开，细细审视她长裙的前襟。"

尽管小说的风格再次发生了根本性的转变，但其功能与前面各部分相同，即为性格塑造服务。许多读者已经注意到，对迪尔西的描述展示了她相比于衰弱、没落的康普生家族成员的优越性：她衣着华丽，举止端庄，似乎不受时间和天气的影响，这被认为是基督教中鱼的象征。她是整部小说中唯一具备英雄气概的人物，是唯一值得赞美、效法和自豪的人物。有些批评家质疑为什么福克纳在本部分中不让迪尔西自己发声，甚至有人暗示说，因为福克纳是白人男性，所以不敢深入描写黑人女性的意识。但我认为，福克纳所采用的客观处理方法要求将迪尔西这个人物提升为圣人般的形象，这正是福克纳所希望她在小说中扮演的角色。迪尔西的善良，不亚于凯蒂的悲惨堕落，最好的处理方法就是远观。其本真和外表无法太直接或太密切地接近，神秘之感也才得以保留。不管这评价是否得当，不容置疑的事实依然是福克纳再次出色地转换了小说的风格和视角，并且这种转换似乎与前几部分一样，离不开中心人物的性格塑造。

三、对位的使用

对位是现代主义作家从音乐创作领域借用的一种叙事技巧。音乐中的这一技巧需要"将两个或多个独立的旋律组合成一个统一的曲调，并且每个旋律都保留其线性特征"。作家们用对位法将不同的事件、图像、符号、声音或人物并置

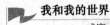
于一处，从多元中创造出统一性。其中最著名也为福克纳所熟知的一个例子，是阿道司·赫胥黎的小说《针锋相对》。意识流作家们发现对位用处极大，在对看似随机和杂乱无章的思维过程进行排序和统一的时候尤为有效。福克纳说，对位使作家能够撷取"大量的素材"，并使用判断力和品味"将不同的碎片并置在一起，然后放在最有效的地方"。

福克纳经常用"对位"和"对立法"两个术语指代他的叙述方法，在《野棕榈》《修女安魂曲》《押沙龙，押沙龙！》、斯诺普斯三部曲和《喧哗与骚动》等小说中用得最多。在我看来，福克纳最广泛、最艺术化地使用对位就是在《喧哗与骚动》中。

我们已经提过，福克纳在《喧哗与骚动》的结构中用一种叙述视角冲销了另一种叙述视角的动能，但对位在小说中的运用远远超出了视角的转换。事件、象征性母题和主题在错综复杂的设计中有效并置，大量使用了典故和重复。

读过《喧哗与骚动》的人可能无法忘怀，福克纳在小说情节推进过程中对关键事件进行了多次重复或并行讲述。凯蒂婚礼、昆丁自杀、杰生的物质主义阴谋、班吉的哀号、迪尔西的护佑——这些都是小说的核心内容，在书中一再出现。但是，重复和场景平行化的模式也适用于其他甚至很小的问题。的确，在整部小说中，几乎没有一件事是在书中其他地方找不到对应物的。例如，昆丁小姐的经历与她母亲的经历相似，甚至在同一架秋千上幽会。凯蒂对昆丁说："无论如何，我还是很不好，""我很坏，我要下地狱，但我不在乎。"凯蒂女儿也这么说。班吉追逐年幼女学生，也与昆丁和意大利小姑娘的遭遇相对应：两种情况下，年幼女孩都被误认为是凯蒂，且天真的行为均被误解为变态。这两个场景在杰生满城寻找昆丁小姐一幕中得到反讽性翻转，这个年幼女孩再次成为凯蒂的化身。昆丁那句平实的"可怜的妹妹"到了康普生先生的葬礼上，变成了毛莱舅舅口中"可怜的小妹"。班吉的阉割与昆丁回忆起一个人用剃刀自宫的故事相联系，进而通过这个故事与昆丁自我阉割的欲望联系了起来。凯蒂和昆丁曾答应照顾班吉，后来却鬼使神差地出现了勒斯特和杰生疯狂虐待这个白痴的情景。凯蒂的婚礼带有明显的象征意义，叙述中出现在了外祖母的葬礼前后；与班吉生日平行讲述的是昆丁提到自己在哈佛的"生日"庆祝活动。昆丁与达尔顿·艾姆斯的遭遇平行于他与杰拉尔德·布兰德的打斗。许多这样的重复和平行结构超出了意识流自由联想的要求。它们从小说的一个部分延续到另一个部分，成为福克纳表达作品核心反讽和统领性主题的主要手段。

　　除了对位处理具体事件，福克纳还利用反复出现的象征性母题来统一小说的各个部分。正如梅尔文·贝克曼在对作品的出色分析中所展示的那样，某些特定的主题，例如爱情、时间以及世上纯真的丧失，已经融入了各个部分。特定的象征，例如金银花、水、污渍、树木、花朵、镜子、火和光，则构成贯穿小说始末的轻音乐母题。它们融合、强化、提高和丰富了小说的情感和意义。

　　这些变化各异的母题中最成功的要属时间了。小说的每个部分都戏剧化地呈现了不同的时间概念。对于班吉来说，根本就没有时间这回事，他固着于某个时间点，但分不清现在和过去。班吉生活于一个永恒的秩序之中，意识不到事件之间的相互联系。昆丁渴望一个像班吉的精神状态一样

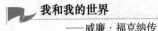
的世界，那里充满恒定和持久性，但他痛苦地意识到了现实的可变性和短暂性。昆丁徒劳地逃避时间的摧残，在各种象征行为中表现了出来。他将手表上的指针扭掉，但手表依然滴答作响。他试图捉弄自己的影子，可是发现自己无法阻止太阳无情地前进，也无法逃脱它投射的阴影。他冥想自己与死神的相会，并且随着大限临近，倒数着时间："还有一刻钟，然后我就不在了。这是最平静的话，最平静的话了。"杰生同样痴迷于时间，尽管迥异于昆丁。对杰生而言，时间和其他事物一样，就是金钱。即使是在法院大钟脚下，听着高声回响的钟声，他依然会执行自己的捞钱计划。他不断望向这座大钟，或瞅着自己的怀表，唯恐错过确切的时间。在他整个叙述中，杰生疯狂地东跑西窜，却总是慢了半拍——他满城寻找昆丁小姐的时候如此，去西联公司办事处查看股票行情的时候亦如此。因此，在与时间的斗争中，杰生并不比昆丁更加成功。

迪尔西代表着人类与时间之间的理想关系，以此为标准可以衡量康普生兄弟的不足和失败。正如佩林·洛瑞指出的那样，迪尔西时刻意识到时间的存在，对所谓"正确方式"也有所察觉。她既不像杰生和昆丁那样痴迷于时间，也不像班吉那样对时间一无所知。杰生倾向于仅把时间视为具体之物，有用处的东西，昆丁则会将时间看成是抽象之物，而迪尔西则是同时从这两种意义上来认识时间。

迪尔西与时间的"正确"关系是通过她纠正厨房钟表误差的能力表现出来的：

"碗柜上面的墙上，有只挂钟在发出嘀嗒嘀嗒的声音，这只钟只有晚上灯光照着时才看得见。即使在那时，它也显出一种谜样的深沉，因为它只有一根指针。现在，发出了几声像咳嗓子似的前奏之后，它敲了五下。

"'八点了，'迪尔西说。"

迪尔西的年龄和经验，以传统的希腊悲剧合唱队的方式，赋予她在时间方面的权威性。在这部场景和视角千变万化的小说中，迪尔西是唯一恒久不变的要素：班吉的监护人随着时间的流逝几经更改，外祖母、凯蒂、昆丁和康普生先生从小说页面中相继退出，但迪尔西一以贯之，从头到尾。她说过："我看到了始，也看到了终。"这句话既反映了她的长寿，也体现了她的远见卓识。由于迪尔西拥有优越的视角，她看待康普生家族变迁时就剔除了兄弟们的局限和以自我为中心的处世方式。迪尔西认同复活节礼拜仪式中传达的简单而永恒的真理，她与康普生大宅内部的混乱不堪与分崩离析形成鲜明对照。迪尔西有耐心，深谙经世之道，也掌握并接纳了时间与永恒性的关系，所以才不会像康普生一家那样成为时间的牺牲品。她是小说中唯一一个既能活在时间之中，又足以超越时间去感知永恒的人物。通过拓展这种及其他对比，福克纳将对位视为一种手段，由此将《喧哗与骚动》的各个独立元素融合为统一的整体。

总而言之，我力图通过以上论述证实《喧哗与骚动》的叙事技巧娴熟而精湛的一面。即使《押沙龙，押沙龙！》《八月之光》或《去吧，摩西》算得上是更耗时费力的小说，能利用更广阔的背景处理影响全社会方方面面更为关键的问题；即使《我弥留之际》在某些方面能更具想象力和创造力；即使《村子》在融合生活的悲剧和喜剧元素上更能打动人；然而，事实却仍然是无论福克纳其他的小说多么出色，《喧哗与

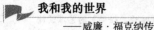
骚动》在技巧和内容上那种近乎完美的形式都是其他任何一部小说无法企及的。福克纳对本·沃森称这本书"真的是部神作",此言不虚。正如所有艺术家梦寐以求的那样,这是他最接近完美古瓮的一部作品。

注解:

① 下面对四个部分开头的分析是针对英文原文而言的,不是针对译文而言的。
译文参考了李文俊译本——译者注

附录三

《押沙龙,押沙龙!》中的 "宏伟设计"

"人不能永生。他是知道这一点的。但是,一旦他去世,
有人会晓得他当年只是短时存在过。他要是修了一座桥,可
能被世人记住一两天,要是造了一座纪念碑,也会被记得一
两天,然而要是作了一幅画、一首诗的话,他会被记得很长
一段时间,很长很长一段时间,久于万物。"

——福克纳,于日本长野,1955 年

一

很多批评家写了大量有关《押沙龙,押沙龙!》中托马
斯·萨特潘的"宏伟设计"的论述。[①]诚然,在这一问题上挖
掘最为彻底的研究之一是小德科·库伊克的专著,恰好题为
《萨特潘的设计》。然而,书中另一种"设计"却鲜有人问津。
与萨特潘的悲剧性堕落截然相反,它是一个积极向上的超验
性运动。第二种设计属于福克纳,是创造者层面上的;如要
更好地理解这一设计,我们需要深入挖掘福克纳的艺术观及
其对艺术家的看法。

我用一段很少见到的引文开始，它不仅说明了《押沙龙，押沙龙！》这部小说的类别特征，也象征着威廉·福克纳作为作家的归属。这段引文出现于第八章开头部分。它的特别之处在于是由小说中为数不多的全知叙述者讲述的段落，描述的是昆丁和史里夫重构故事的场景。他们的话题是半个世纪之前托马斯和亨利父子在萨特潘庄园藏书室里对话的情形。在昆丁和史里夫的想象中，亨利一边听着父亲讲话，一边望向窗外，恰好看到朱迪斯与查尔斯·邦漫步在花园里："妹妹的头低垂着，似在倾听，情郎的头倾侧在妹妹的头上方。与此同时，两个人慢慢地朝前走，以那种节奏，控制其快慢的不是眼睛，而是心的跳动，他们慢慢地消失在一片灌木或某个小树丛的后面，树上星星点点地开着些白花——素馨、绣线菊、忍冬，也没准是数不清的没有香味、无法采摘的切诺基玫瑰。"

　　然后，全知叙述者突然一转，甚至都没有断句，收回刚才所说的话，进而指出亨利是不可能看到昆丁和史里夫想要他看到的景象的，因为当时是寒冬（确切地说是圣诞夜），又是晚上："因此，不会有花，也不会有叶，即使这以后有人在那里走过也被人见到过。"然后，叙述者又突然一转，这是快速连续推进中的第三次了。叙述者对于这个显见的矛盾之处做出判断，认为昆丁和史里夫的误判"无关紧要"，因为对昆丁和史里夫（以及福克纳）而言，真正重要的是创造性想象的力量，以求得填补过去与现在之间的鸿沟，进而能够让已逝者"不朽、短暂、新近停止流动的血液"再次"流动"起来。

　　再也找不到一段能够完美地展现《押沙龙，押沙龙！》的叙述策略如此依赖人类想象的神话化倾向的话了。对于昆丁与史里夫来说，亨利和父亲的对话就应该在一个充满阳光、鲜花怒放的场合，青春激扬，理想主义浓郁，父爱拳拳——满是生命与重生的象征。然而，叙述者却是一位现实主义者，他的任务就是去神话化，就是解构神话。因此，实际的场景布置于一个漆黑的隆冬之夜，这通常是死亡的征兆。如此一来，福克纳最伟大的小说显示出了两极性——死与生，历史与神话，现实与艺术，已逝且无法挽回的过去与诗性虚构中复活且栩栩如生的过去。

二

观其一生，福克纳都将兴趣投向——甚至可以毫不夸张地说是痴迷于——艺术与生活的悖论关系。他曾经说过："每个艺术家的目标，就是捕捉运动的一瞬，那就是生活本身。他的手段是人为的，但可以将其定格。这样，一百年过后，有陌生人看到时，它就会再次动起来，因为那就是生活本身。"在夏洛茨维尔，他用相似的辞藻描述过作家的目标："你捕捉到这一流动性，它就是人类生活本身，你聚焦一束光，然后停留其上一段时间，足以让人们看清就可以了。"此类说法表明，艺术是一件创造出来的事物，是一件艺术品，是对生活和运动瞬间的定格，因此恰与流动和不确定性相对，而人就生活于流动和不确定的境况之中。就此意义而言，所有的艺术最终必然导向一种与现实性的分离，正如《八月之光》中的盖尔·海托华所言："最为厚重的书一旦应用于现实生活，就显得多么虚假啊。"然而，与此同时，福克纳的言论也在证实，无论艺术家们获得什么样的成就，成功均与其艺术联系现实经验的密切程度直接相关。②

福克纳的作品体系可以视为艺术与生活之间相互关系的持久对立。有时，福克纳会支持现实主义作家有关艺术即模仿的论调，因为该论调确立了艺术对生活的依附性，暗示了生活之于艺术的优越性。另外一些场合，福克纳借助于新浪漫派也即象征主义者的做法，强调艺术即创制。这一论调侧重的是艺术家的创新性和创造力，因此会谋求艺术高于现实生活的特性。两个立场之间的对垒贯穿于福克纳创作生涯的始终，但总体上看学徒时期他会被视作生活高于艺术这一思潮的支持者，等到进入文学创作成熟期之后，他则倒向了艺术高于生活那一派。

在 1922 年发表的一篇早期散文中，福克纳将约瑟夫·赫格斯海默划归寻求割裂艺术与生活两者关系的作家。福克纳声称，赫格斯海默"害怕生存，害怕人会陷入糟糕的黏土那一类境地"，《琳达·康顿》"并非一部小说"，而"更像是拜占庭建筑上一件可爱的水平饰带雕像：几个令人难以忘怀的人物处于静谧的看不出移动的状态，永远超脱于时间的掌控之外，又像音乐一样打动人心"。福克纳进一步指出："我们可以想象，赫格斯海默躲在琳达·康顿身后，就像是沉浸于一个静水港湾中，那里年岁无法伤及，人世的流言蜚语更难企及，即使偶尔有之，也已经细微如雨滴之声。"显然，福克纳将赫格斯海默的艺术视作逃避主义，因而很难见容于现实经验的真理。

对于艺术与生活之间存有的矛盾张力，福克纳似乎在出版第一本书《大理石牧神》时已经有了一定的认识，这就是他塑造牧神这一形象的部分动机吧。在这部田园组诗中有一位大理石牧神，让人回想起罗马的伯拉克西特列斯的雕像以及霍桑基于这个雕像创作的小说。一年四季的轮流更替使得牧神不得不面对大自然的系列变化。大自然中可察觉到的易变性与牧神那"坚如磐石"的存在形成鲜明对比。我们可能会认为，就像浪漫派诗歌中经常出现的那样，此种对比的运用是在确认艺术超脱于自然的特性，但实际情形却恰恰相反。

> 为什么我会悲伤？我啊？
> 为什么我会不开心？天空
> 让我感到温暖，但是我依然逃不出
> 大理石的禁锢。那条敏捷机灵的蛇
> 可以自由地来回，而我呢
> 只是梦想的囚徒，面对着
> 已知事物慨叹，却无以知晓
> 天之上、地之下的一切。
> 脚下无限延展的大地
> 把满是果实的园子呼唤而来，
> 把山川呼唤至两手边；
> 在洒满月华的沙滩上睡去：
> 全世界呼吸着，向我召唤
> 而我一直是坚如磐石的样子。

牧神身处一个恒定不变、无生无死的世界中，这样的现实令人想到荷马《奥德赛》中的卡里普索，很难引起快乐之感。

> 我们这些林子中的大理石，
> 躺在婆娑树影中入梦，
> 颇多忧伤，因为我们知道
> 万物都会衰败，而我们除外。

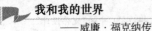

在最后一首诗中，牧神不停地哀伤，他自己被永久排除在真实生活的悲欢离合之外。

呵，一切都在呼唤我，
而我却一直是坚如磐石的模样，
多年以来毫无变化的迹象。
我的心满溢，但却流不出泪行，
以便湿润我那如炽似凿的双目。
在无变的天空下俯身：
流年易逝，我却感伤，
反而，是个悲伤的命定囚徒。
尽管我的周身满是四季的踪迹，
我的内心却只有冬雪般的凄凉。

迥异于霍桑的多纳泰罗，福克纳的牧神从未获取人形，未能以其天真换取现实世界中的经验。他自始至终保持着人造的大理石质地的存在形态。

福克纳对艺术与生活矛盾关系最明显的处理，是在其第二部小说《蚊群》中。事实上，这本书基本上可以看作一场学术报告会，因为作者借机表达了各种艺术及其创作理论。这部小说描绘了一群新奥尔良的艺术家、准艺术家、知识分子和上流社会人士，他们在游艇上经历了一次为期四天的远航。迈克·米尔盖特在二十五年前那本开创性的著作中指出，这部小说包含"各种有关艺术原则和信仰的陈述，最大限度地展示了福克纳自己的定位——这部书几乎就是作家自己的传声筒，里面充斥着对各种不同观点的分析和阐述，传达出福克纳自身辨识不确定性的过程，并最终达成了对艺术家角色更清晰的认识"。书中讨论了各种各样的话题，当然并不全是文学上的，但正如《大理石牧神》一样，作家的核心关注落脚于生活与艺术的关系问题；不同人物根据他们在这一核心问题上的观点差异而划分成不同的组。

一个极端组合中包含了帕特里夏、大卫·韦斯特、詹妮和皮特这几个年轻人，他们深度介入现实生活，完全不关注艺术问题。闪族人朱利叶斯说："看看我们的书本、我们的舞台、我们的影院吧。谁支持它们呢？至少不是年轻人。他们宁愿出门乱转，要不就是坐下来牵对方的手。"另一个极端是一些半吊子艺术家，比如欧内斯特·塔里亚菲罗、莫丽尔夫人，以及马克·弗罗斯特、伊娃·怀斯曼以及詹姆逊小姐等伪艺术家。就像吉·阿尔弗雷德·普鲁弗洛克这个经常与塔里亚菲罗作比的人物，他们都惧怕生活（普鲁弗洛克亦如此，最显而易见的隐喻是性），只愿空谈，而不付诸行动。他们的讨论冗长而乏味，被非常贴切地说成是"讲、讲、讲：语言之彻头彻尾且伤心欲绝的愚蠢性"。具有讽刺意味的是，莫丽尔夫人误将此种言语化的对现实生活的逃遁视作介入艺术世界的先决条件："生活于自我之中吧，自我满足就可以了……要经历生活的考验，务必让自己不能介入其中，仅从中汲取工作的灵感即可——啊，高登先生，作为一个创造者，你是多么幸运啊。"

有一个人物孤立出来了，他至少能够部分地调和这两极，沟通生活与艺术的差距，他就是雕刻师高登。他不仅是这一群艺术家中最具感知力和创造力的一位（他在为莫丽尔夫人制作的泥土塑像中竭力捕捉到了人物的内在本质，而道森·费厄恰尔德尽管与这位夫人相识已久，却最终发现相知

无多），而且是所有人中最寡言的那一个。更有甚者，他与帕特里夏的交往尽管难言愉悦身心，但尚能揭示出对生活的开放心态，而这一点正是那些美学家和伪艺术家做不到的。高登拒绝像其他艺术家一样从生活中退隐，这一点从其在小说结尾与妓女的艳遇中得到了证实。"高登走进去，还未来得及关门，人们就看到他迫不及待地从处于阴影中的狭窄过道里抱起一个女人，甚至举到头顶，比肩漫天的繁星，顾不上她的叫喊，就一阵狂吻起来。"这种积极入世的行为，是与高登作为处子的年轻人形象并置在一起的："接下来，叫喊声与嘈杂声、阴影与回声旋转着变换形态，成为一位无首无臂无腿的少女，动弹不得，童真未失且激情永驻，不一会儿阴影和回声也就不见了。"

结论已然明确：只有那些有勇气和激情诚实而直接地介入生活的艺术家才有希望将个人体验转化成正宗的艺术。

三

福克纳创作《琳达·康顿》的书评、《大理石牧神》和《蚊群》时，正处于他生命中一段特殊的时期，那时艺术相较于他落魄的生活而言简直就是一种拙劣的弥补。就像《卡尔卡索纳》中那位受挫的诗人，这一故事实际上揭示了作者很多的信息，福克纳想到的是"去完成一点大胆、悲剧性和朴素的东西"。他新近的军队服役梦幻灭了，真爱的女人也被夺走，这无疑促成了一种落败感，但是他终未放弃年轻时期的理想主义。尽管失望至极，他依然认同《蚊群》中的道森·费厄恰尔德："相比于其他人写的东西，他更喜欢诗人的作品。"确实，如同他在 1924 年的散文《旧诗新篇：一次朝圣》中所倾诉的，诗歌首先是一种推进身临其境的拍拖大法；

只有在发觉自己欲望消退之后,他才会转向"为诗歌而诗歌"的境地。此种说法表明,年轻时的福克纳认为生活而非艺术才是一个魔性的国度,那里幸福永驻。

直到他写作《押沙龙,押沙龙!》之时,福克纳的人生观才变得更消极、更愤世嫉俗。我接下来试图证明的是,他的艺术观反而越来越积极了。我们满可以怀疑,前一种态度部分出自这部小说创作的那个时段。二十世纪三十年代中期,美国上下皆受大萧条的困扰;福克纳并不像同时代的玛格丽特·米歇尔那样,他在这样的时代背景中找不到多少慰藉。米歇尔的小说《飘》(恰巧与《押沙龙,押沙龙!》同年出版)聚焦于人类灵魂从失败和苦楚之中触底反弹的弹性这一时髦的主题。相比之下,福克纳的这本小说政治不正确,无法提供如此满怀希望的视野。恰恰相反,福克纳传达的信息更接近于他在好莱坞工作期间的打猎同伴内森内尔·韦斯特的看法,后者的小说《寂寞芳心小姐》(1933)描绘的美国是个被混乱、暴力、异化和绝望淹没的国度。

这部小说除了大萧条的历史背景之外,还融入了作家的个人因素,这一点已经由传记作者为我们揭示出来。福克纳在萨特潘的命运之中添加了个人及其痛苦的悲观主义人生观。随着中年的来临,他所期待而也自觉应得的事业与经济上的成功并未出现,加上他越来越清楚地意识到自己身处并不幸福的婚姻的桎梏中,最后导致长期的酗酒——所有这些因素均导致了福克纳的不快与不适。雪上加霜的是,他弟弟迪恩突然在一场空难之中惨死,而迪恩所驾驶的飞机正是福克纳给他购买的那架。考虑到如此多的事件叠加,根本就不必惊讶于福克纳这一时期的创作。他逐渐学会使用《押沙龙,押沙龙!》末尾描述萨特潘梦想破灭之时的方法看待人类历

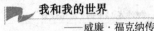
史："此时一切都结束了，再没剩下什么，此刻那里已一无所有，除了那个小白痴号叫着徘徊在那堆灰烬和四根空荡荡的烟囱周围。"这里回荡着《麦克白》的那段著名引文，《喧哗与骚动》的标题也是出自该剧。这次用典是确定无疑了，而且很可能是有意为之。

福克纳的信函有时也会给予他启示，生命和历史均为徒劳。据约瑟夫·布罗特纳整理的档案，到福克纳开始创作后来被称为《押沙龙，押沙龙！》的作品时，他从哈里森·史密斯那里得到一本安德烈·马尔罗的《人类的命运》。马尔罗的这部小说追溯了一群中国革命者遭受的不公正待遇和短时失败，描绘了他们持续开展的可歌可泣的斗争。人在一个冷漠且荒诞的世界里向着理想不懈奋斗。福克纳的小说则延续了同一个主题，但剔除了马尔罗补救式"重新开始"的结论。

四

托马斯·萨特潘的故事被视作一种历史，读来尤其悲壮。从福克纳的其他几部作品，尤其是《喧哗与骚动》《熊》以及《寓言》来看，福克纳对待历史的终极态度绝对是悲观主义的。事实上，他的观点可称为斯宾格勒式。[3]人有生老病死，文化也会由盛而衰，梦想与理想总是被挫败和阻挠，然后仅余下希望与记忆。哈利·威尔伯恩（《野棕榈》的男主人公）是一个并不亚于托马斯·萨特潘的人物，他将人性理解为"忧伤"，其唯一的替代物就是"虚无"，这一点昆丁·康普生也发现了。

依我之见，为了强调忧伤与虚无的无可回避性，福克纳才会以确定无疑的话语解释萨特潘无法实现自我设计的原因。每位读者都会意识到,萨特潘的挫败与种族问题密不可分。萨特潘是一位毋庸置疑、毫不客气的"种族主义者",然而仔细考究他如此作为的影响因素是大有裨益的。

福克纳对萨特潘首次遭遇黑人的经历写得很随意——事实上是附带性地——但这次经历产生了深远的后果,预示了萨特潘后来的人生轨迹。这次遭遇发生于萨特潘十岁之时,当时他刚跟随家人从西弗吉尼亚山区搬迁到东部的滨海地区。萨特潘后来对着康普生将军回忆说,那段旅程的大部分时间都是坐在家里那辆马车中度过的,他常常需要在小酒馆外面等待嗜酒的父亲狂饮完毕。父亲经常酩酊大醉,不得不让人从酒馆中抬出来,撂到车上。有一次,干这个活的是"壮硕如牛的黑人,他们所见到的第一个黑人,奴隶,出来的时候肩上扛着他父亲,就像是扛着一袋子粮食,而那个黑人的嘴咧大了笑着,满口的牙看起来像是墓碑石"。

萨特潘的黑奴恐惧症就源于此情此景。读者们不要低估它对于一个小男孩的震撼力与持续影响,毕竟是他的父亲被一个高大强壮的黑皮肤陌生人粗暴对待,还加以嘲讽。非常重要的是,这个场景的描述中出现了两个意象,分别象征了萨特潘在后来的家族创建过程中所竭力反对的:对非人化(父亲被"一袋子粮食"般对待)和死亡(那个黑人的牙齿看起来"像是墓碑石")的双重恐惧。

这次负面经历给予少不更事的萨特潘留下如此震惊的印象,步入成年他仍然能够回想起来,并在二十多年之后重讲一遍,后来更多类似的创伤性、颇具影响力的经历接踵而至。有一次,他和妹妹走在一条土路上,年幼的妹妹差点被一辆马车撞倒,驾车的是"一位头戴高顶礼帽的黑人车夫"。还有一次,他听父亲以"极度狂喜和辩护"的语调讲述一伙

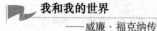

夜间骑马的秘密组织成员暴揍一个黑奴的事。再后来,托马斯十三四岁的年纪,被父亲派到"大宅"去送信,却被一位"着猴装的黑人管家"从前门驱赶出来,让他取道后门。

所有读者都会赞同,也是萨特潘对这一事件的自我评价,门口遭拒绝是萨特潘童年时代的一次重要体验。我认为,大部分读者不假思索地服从了萨特潘的引领,给这次羞愧之事贴上谴责的标签。萨特潘刻意坚持认为,他的愤怒与复仇欲望指向的是庄园主而不是黑人管家,然而很难相信其潜意识中已经彻底豁免了这位黑人管家的罪责。④事实上,萨特潘多次重复说该受谴责的"并非黑奴",这显得有些过分,毕竟他是在事实不清的前提下,去徒劳地说服自己接纳一个他并不能确信的道理。没有哪个读者对昆丁的抗议"我并不恨它!我并不恨它!"的理解仅停留在字面上。那么,我们也不必相信萨特潘所说的每一句话。心理学家指出,对于个人而言,要想将讯息与其传播者剥离其实极其困难,至少在潜意识里是无法剥离的。他那个"猴一样的黑奴"的说法很侮辱人,明白无误地说明萨特潘是情不自禁而为之。

在海地的恐怖、差点活不过来的经历再次夸大了黑奴恐惧症的威力,强化了萨特潘早期记忆中已确立的模式。事实上,海地一幕仅仅是对小萨特潘在滨海地区那次经历的重演,只不过这一次相比之前的成年礼模式规模更大了,对象也换成了成年的萨特潘。康普生将军已经注意到,海地俨然是"一个剧场,那里上演着暴力、非正义与喋血,以及所有人类对贪婪和残暴的恶魔式欲望",恰好处于"我们所谓的丛林和我们所谓的文明两者的中间地带"。康普生从萨特潘这场海地岛屿的遭遇,联想到"地心"之旅,这个说法令人想起约瑟夫·康拉德的《黑暗的心脏》中的人物库尔茨的经历。这是福克纳最喜欢的书之一。尽管福克纳并未直接再现萨特潘对海地事件的恐惧，而是通过间接与暗示（《献给爱米丽的玫瑰》和《干旱的九月》即是如此处理恐怖元素的），但他提到了伏都仪式、八天围困、受攻击者的极度恐惧以及萨特潘的致命伤。所有这些很容易让大多数读者觉得萨特潘的话并未言过其实，萨特潘将其定性为"超出肉体承受范围"的事件。

与库尔茨不同，萨特潘在这场地狱之旅中活了下来，但也远非毫发无损，他所经历的恐怖景象对其此后的生活造成了灾难性的影响。事实上，一旦回忆起甘蔗的焦烟味，他就联想起那些残酷的日子，这种关联度如此之强以至于"从那以后他再也不会吃糖了"。不出所料，萨特潘也像库尔茨（以及德拉诺船长，出自另一篇福克纳可能有所了解的恐怖故事——梅尔维尔的《贝内托·西拉诺》）一样，将此类暴行与黑色皮肤联系在一起。

后来，萨特潘努力建起了"萨特潘百里地"，形成了约克纳帕塔法县的一个大家族。这代表了一种英勇的尝试，尽管最终证明是疯狂。萨特潘试图掌控那些非人化、分崩离析以及死亡的力量，而这些都可能是他潜意识里与黑人性密切相关的东西。为了确认自己在这一点上的优越感与掌控力，他强迫一群受到非人待遇的"野兽一般的狂野黑奴"来建造自己的大宅。出于同样的理由，他和其中几个这种"野兽般的生物"进行过肉搏战。罗莎·科菲尔德至少说对了一点，她视萨特潘介入这种贴身肉搏的动机为"纯粹是为了显示一种致命的预谋，要的就是保持优越感和统治地位"。萨特潘得意扬扬地俯视落败的黑人肉体那一幕，简直就是他幼年时看到父亲被大个子黑人虐待的翻版,是被滨海庄园上那位"猴一样的黑奴"拒之门外的翻版,或者是他在海地奴隶起义期间被围困数天而差点丧命的翻版。萨特潘迫切需要一座庄园大宅,需要成为豪门贵族,仅仅是为了显示他向自我和世人证实的欲望,他要让人知道自己永远都不会被任何威胁所击退。

　　颇具讽刺意味的是,为了证明自己的无往不胜,逃避那种对无能和非人化的畏惧心理,萨特潘压榨、虐待了小说中的一类人。他最初与这类人不乏相同之处,他们就是黑人,其中三人是他的妻子、儿子和女儿。萨特潘对尤拉莉亚·邦、查尔斯·邦甚至克莱蒂既无好感,又羞辱相向。如果考虑到他自己的过往经历,这一切又顺理成章,完全在意料之中。亨利机智地阻止了邦与朱迪斯的婚姻,这不仅契合了萨特潘的性格,也是无法避免的。鉴于个人的经历,萨特潘最不愿看到的,就是自己的"宏伟设计"被任何一点黑人血液玷污。种族主义者的逻辑对别人而言可能有些摸不着头脑,也缺乏理智,但对于他自己而言,它具有像数学方程式一样的精确性和必然性。

　　我已经意识到,我对萨特潘行为的解读与他本人对个人动机的理解并不一致。他的想法有些地方是对的。在幼时受辱这个问题上,需要谴责的是那位大宅主人而非黑人管家。因此,大宅主人需要对萨特潘"设计"的生成负责。萨特潘还真诚地相信,完善那一设计的过程中有两个至关重要的场合,决策之时他均运用了自由意志:第一次是在海地,当时他选择抛弃首任妻子和孩子,因其不符合萨特潘的人生追求;第二次是多年之后在密西西比,当时他再一次抛弃了自己的混血儿子。

然而，我也确信，萨特潘在这两个问题上也并非全对。在最后的较量中，萨特潘的成人行为貌似严格地命中注定，颇类似昆丁·康普生、乔·克里斯默斯或金鱼眼·维特利等人。当查尔斯·邦出现在家门口，萨特潘的命定时刻便悄然显现，虽然萨特潘私下里觉得是他在做出选择，但实际上结局早就已经为他准备好了。要是他有足够的自我意识，他就会像乔·克里斯默斯一样慨叹："我始终逃不出那个怪圈。我永远也走不出来，毕竟既成之事无法重来。"

我主要强调福克纳在拿捏托马斯·萨特潘命运的过程中遇到的确定性因素，旨在说明《押沙龙，押沙龙！》一书中表现的历史观是多么凄凉与悲观。这种悲观主义论调不仅表现于萨特潘之死、大宅的崩塌以及他的血脉不无反讽性地留在"黑傻子"吉姆·邦德身上，还表现于萨特潘的堕落很大程度上与环境、地理以及人性中根深蒂固的不完美有关。因而，萨特潘的"天真"其实就是信念的一部分，当然也是一种虚幻。他认为历史理应是既成之物，毫无主观情感，除此无他。

五

然而，历史只是这部伟大小说的一个层面，或者说是其负面，而艺术才是另一个层面，且具有救赎的特质。萨特潘的历史性"设计"走向了衰败与死亡，但福克纳的艺术性"设计"——远比萨特潘的宏大——则不断向上攀升，以其艺术的不朽性和神话的普遍性逐次击退了时间和空间。福克纳对生活的信念在递减，亦如之前很多象征主义者一般不去向来世之念寻求慰藉。他将艺术提升至宗教的地位，艺术家成了大祭司。多年之后，他会将艺术描述为"人类的救赎"与

"人类不朽的明证"。他最早最强劲有力地表达这一崇高艺术观念的作品就是《押沙龙，押沙龙！》。

《押沙龙，押沙龙！》既是一本历史书，也是一本艺术书，我们可以从好几个方面在福克纳文本中发现佐证。比如，朱迪斯·萨特潘有一封信交给了康普生太太，类似手法出现了在对《沙多里斯》结尾处那尊约翰·沙多里斯的雕像、《熊》里麦卡斯林家族的账簿以及《修女安魂曲》中塞西莉亚·法默刻进窗玻璃的签名等处的描写中。邦写给朱迪斯的这封信代行了艺术品的功能，象征着艺术作品在抗衡时间销蚀作用上的强大功能。福克纳曾经不止一次地说过，艺术家的主导冲动就是"向死亡说'不'"，他也会经常引用自己喜欢的诗篇——济慈的《希腊古瓮颂》来表达自己的愿望，并以该诗实现了自己的愿望。

绝非巧合的是，朱迪斯对于自己要把邦的书信交到另一个人手里的解释，就是希望自己过世之后另有人会保存下去，这几乎与福克纳有关艺术家尝试打败时间的陈述完全吻合。

> "［朱迪斯说］因为你这个人不惹人注意……可是接下去突然之间一切都完了，你留下的一切仅仅是一大块石头……因此，假如你有谁可以去看望，越陌生越好，要给他们一些东西——一张纸片啦，某些东西，任何东西……至少它还会是某样东西，因为它也算有过这么件事，能让人记得，即使仅仅因为曾从一只手传到另一只手，从一个人的头脑传到另一个人的头脑，再说它至少是些刮擦出来的痕迹。某种，某种能在什么东西上留下记号的东西，这东西曾经存在的理由是某一天可以死去，而那块大石头却不能现在存在，因为它永远也不能成为曾经的存在，因为它永远也不可能死去或是灭亡。"

朱迪斯可能并不明确自己将信交给康普生太太的真正动机,但福克纳却清楚得很。他知道朱迪斯试图"留下那刮擦出来的痕迹,那在'湮没'的空白表面上不消退的记号,而湮没恰恰是我们所有人都注定要得到的命运"。这很接近艺术家对死亡的拒斥。福克纳这样对一位访谈者说:"由于人的不朽,对他而言唯一可能的不朽性就是在他死后留下点什么,这点东西就是不朽的,因为它总会令人感动。这就是艺术家在最终且不可更改的湮没之墙上涂鸦'吉尔罗伊就在这里'的方式,终究一天他会穿越这堵墙而去。"

与之类似,福克纳将托马斯·萨特潘的"设计"与艺术家对不朽的追求衔接起来。在边疆的荒野上雕琢出"萨特潘百里地",俨然就是华莱士·史蒂文斯这种所谓的艺术家"对秩序的神圣狂怒"。重要的是,在这个联结点上,萨特潘被看作是创世神话中那个神圣的万物皆始自其中的创始者形象:"接着在长长的毫不惊异的状态中,昆丁仿佛在看他们突然占领了那一百平方英里平静、惊讶的土地并且狂暴地从那毫无声息的'虚无'中拉扯出房宅与那些整齐的花园,用那只一动不动、专横、手心朝上的手掌把这些建筑像桌上搭起的纸牌那样一下子击倒。他们创造了'萨特潘百里地',说要有'萨特潘百里地',就像古时候说要有光一样。"更为明显的是,萨特潘与艺术家对时间与死亡的抗拒相连接,与卡尔卡索纳这个福克纳关于艺术创造的独特象征相连接。萨特潘意识到"对速度的需求,以及身后时间的飞逝",他在一个关键段落中被描述为"一个疯子,躺在自己的棺材板中间创造出了传说中宏伟壮丽的卡梅略和卡尔卡索纳"。当然,我们完全不必理会本段使用的"疯子"一词。就像莎士比亚创作的李尔王或梅尔维尔塑造的船长亚哈伯(两位人物均与萨特

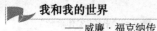

潘有诸多共性），福克纳偶尔会把疯癫与特殊知识或理解能力联系起来。

即使是在萨特潘疯狂追逐梦想的过程中，他也可以被比作福克纳心目中的艺术家。我们会读到下面的文字："他们并不会将关爱与萨特潘联系起来，他们想到的是冷酷而非正义，恐惧而非尊敬，但不会有怜悯和关爱。"福克纳有次回忆说，他曾经对艺术家下过如此定论。他说："作家唯一的责任，就是对艺术负责。要成为好作家，他就要彻头彻尾地冷酷……"因此，萨特潘相信，一个豪门贵族亦然。有个事实会强化这一比较，那就是萨特潘常常被称作"恶魔"——福克纳会偶尔用这个词来描述一个人内心的艺术创作冲动。

文章开头我就说过，《押沙龙，押沙龙！》中有关艺术的最有意义的判断正在于昆丁与史里夫在哈佛大学的宿舍里重新想象的萨特潘故事。小说的前五章表现的是人物对历史事实的探求，而剩余的四章则摒弃（依福克纳之见，很有必要）了对事实的关注，转向主观感知与想象性再造。在后边的这几章里，历史被虚构霸占，事实被艺术超越。通过重复古老的讲故事仪式，隆冬季节昆丁与史里夫相互叙述与倾听由半个世纪之前发生的事件改编而成的故事，两人形象化了艺术抗拒时间与死亡的能力。福克纳在下一本小说《没有被征服的》之中重复了这一象征机制，小说中德鲁西拉为贝亚德和灵哥讲述了南方邦联将士如何抗击北方征服者、如何成功抢到一列本由北方佬控制的火车的故事。这里萨特潘的故事也是如此，永远不会"消失或被遗忘，只要有失败者或者他们的子孙去讲述，去倾听"。罗莎·科菲尔德亦对讲故事的再生力有着类似的信念，她对昆丁说："因此，没准你会登上文坛，就像眼下有那么多南方绅士、淑女在干这营生那样，而且也许有一天你会想到这件事，打算写它。"昆丁认为："那是因为她想把它说出来，这样一来那些她永远见不着并且他们的名字她永远不知道的人以及那些从未听说过她名字或是见过她脸的人，就会读到这故事……"

六

把《押沙龙，押沙龙！》当作是对艺术之于生活优越性的颂扬来读，也会加深我们对于约克纳帕塔法县地图重要性的理解。这一地图由福克纳亲手绘制，折附于小说最后。尽管这一点总是被读者和批评家忽略，《押沙龙，押沙龙！》的结尾并不是昆丁备受折磨但仍然激情满满的告白——他并不恨南方，也不是罗列萨特潘"大事年表"和"族谱"的附录，真正的结尾是福克纳的地图。我希望证实，地图和小说的标题有同样的功能，即把小说涵盖的范围从地方扩展到全人类，将历史的"事实"转换为神话的"真理"。事实上，标题与地图构成相呼应的两个书挡，或者更确切地说，是个象征性的括号，将托马斯·萨特潘的悲壮历史括进去。两相叠加，它俩就像是这部小说的阿尔法和欧米茄——第一个和最后一个希腊字母，两者表达了福克纳坚信的艺术优越性。这里它完全超脱了无以阻挡、螺旋向下的历史。

绝大多数批评家都把福克纳的这个标题解读为一种反讽，对象是萨特潘的发家史。按照约翰·哈古皮安的说法，萨特潘的经历与《圣经》中大卫与押沙龙的故事相类似，但不同之处在于，福克纳的大卫迥异于《圣经》中的那个人，他无法给予叛逆的儿子以关爱与怜悯。哈古皮安认为，这个关键的不同正是"萨特潘故事的重点"。

哈古皮安无疑是对的，他将两个故事进行如此点对点的比较，却忽略了福克纳《圣经》用典的更广阔暗示。福克

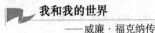

纳对大卫和押沙龙父子的故事感兴趣，正如它经常被归类于古希腊神话和中世纪传说，根源于其神话维度一样——正是在不断重述中，它捕捉并重新阐释了人类普遍境况的重要层面。福克纳对《圣经》的看法是中肯的。恰如他的自述，阅读《圣经》总是以文学和神话为目的，从来就不是宗教意义上的。就像艾克·麦卡斯林一样，福克纳将《圣经》故事的作者们看作"有人性的人"，他们"试图从人类心灵悸动的复杂性中写出心灵的真理，目的就是为了他们身后那些同样复杂和受挫的人们"。大卫与押沙龙这个素材吸引福克纳的地方首先在于，这是一个为多个世纪以来一代代读者创作、保留下来的故事，这种保留失却了宗教意义或者历史真实性——如果不是"圣书"记录在案，大卫这种小王国中的小暴君的故事早就已经被忘得一干二净。故事的真正主角既不是大卫，也不是押沙龙，而是那位匿名的诗人或抄写员，正是他讲述或者记下的故事超越了作者、主题乃至所处的历史时代；简而言之，就像是昆丁和史里夫重述的萨特潘故事，它已经征服了时间和死亡，成为永生的艺术。

小说标题中的《圣经》用典使萨特潘的区域性、短暂的故事拓展进入人类普遍的、神话的以及永恒性的王国。同理，书末的地图也做到了这一点。与题目一样，地图在三个层次上发挥了作用，即现实层、反讽层和象征层。

儒勒·臧格尔曾经说过，文学地图最为明显的意图之一就是为其服务的故事在清晰性和逼真性上保驾护航。当然，福克纳非常熟悉各种各样具有此种性质的地图。例如，《圣经》中展示希伯来人流浪轨迹和圣徒保罗传教旅程的地图、布尔芬奇描绘古希腊和古罗马神话场景和尤利西斯浪游足

迹的地图、托马斯·摩尔的乌托邦地图、乔纳森·斯威夫特
的勒缪尔·格列佛旅游地图、托马斯·哈代的威塞克斯地图、
安德森的瓦恩斯堡地图。作者有很多类似的叙事手段, 比如
霍桑"发现"的字母 A、萨勒姆海关里乔纳森·普的文件和
亨利·麦肯齐《有感情的人》中"丢失"的部分, 而文学地图
则能够帮助读者搁置疑虑, 暂时认可虚构世界的正宗性和真
实性。一旦将萨特潘百里地在地图上视觉化, 就更容易把托
马斯·萨特潘视作一个占据真实空间的历史人物。

在这个层面上, 福克纳的地图重述并拓展了小说中悲观
的人生观与历史观, 尽管萨特潘的故事已经清楚表现了这一
点。通过福克纳手写的各个条目, 约克纳帕塔法的风景首先
显示为忧伤、罪恶与死亡的聚合物。顶端写的是"捕鱼营地,
沃许·琼斯在此砍杀萨特潘", 底端是"金鱼眼枪杀汤米"的
地方, 中央位置则满眼都是业已去世的其他人物——老贝亚
德·沙多里斯、约翰·沙多里斯、艾迪·本德仑、乔·克里斯
默斯、乔安娜·波顿、李·古德温。公墓和监狱的位置突出,
正如行事肆无忌惮的弗莱姆·斯诺普斯和杰生·康普生。
同样坐落于中央的是法院, 福克纳在另一场合说过它"将广
阔的阴影传递到地平线上最边缘的角落"。理想之中法院应
该是秩序、稳定和正义的代名词, 但事与愿违, 它反而与谭波
尔·德雷克的伪证以及班吉·康普生的凄惨命运联系在一
起。犹如托马斯·萨特潘的故事, 福克纳的约克纳帕塔法地
图实际上是把历史形容为一个死胡同, 或者用福克纳后来写
给马尔科姆·考利的话来说, 是一个"毫无意义的编年史",
"不知走向何方的同一场疯狂的越野障碍赛马"。

然而, 地图绝非仅仅是地方的呈现, 它还可以是一个向
导, 一种帮助旅行者从一个地点移向另外一个地点的方法。

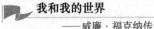

我们在地铁或者博物馆的时候需要地图指引方向,相信地图会带领我们到达目的地,以防我们迷路。从这一点上看,地图是一个绝佳工具,帮助我们进入一部有关探求和成长的小说。《押沙龙,押沙龙!》当然就是这样一部小说,充满了各式各样的旅行或者旅途的指涉:托马斯·萨特潘从山区走到滨海地区,再到海地和密西西比;查尔斯·邦从海地移居新奥尔良,再到奥克斯福和"萨特潘百里地";亨利·萨特潘从奥克斯福出发,途径新奥尔良、内战战场、得克萨斯,最后回到密西西比;各色人物进出于"萨特潘百里地"和杰斐逊镇;昆丁·康普生去哈佛上大学等等。所有这些旅程也代表着内心的求索:萨特潘试图通过创设一个安全安逸的"设计"而逃避过去的威胁,邦找寻父亲,亨利找寻个人及其文化身份,昆丁无法理解自我与南方。

由此可见,福克纳的地图与其标题类似,具有反讽之意。《押沙龙,押沙龙!》里所有人物的寻找最终都是无疾而终、无功而返。邦死了,至死父子并未相认;萨特潘死了,挫败于个人的设计;亨利死了,死前受尽排斥和谴责;昆丁很快也会死去,依然对存在的意义迷惑不解。福克纳的地图就像小说中强调与支撑的情节一样,只要是一幅人类历史和现实境况的地图,就必然会将挫败的雄心指向通往死亡的道路。如果福克纳为这张地图题词的话,那很可能就是我们之前引用的莎士比亚的话,也是福克纳用在自己第二部伟大小说中的话:

"明天,明天,再一个明天,

　一天接着一天地蹑步前进,

　直到最后一秒钟的时间;

我们所有的昨天，不过替傻子们

照亮了到死亡的土壤中去的路。

熄灭了吧，熄灭了吧，短促的烛光！

人生不过一个行走的影子，一个在舞台上指手画脚的拙劣的伶人，

登场片刻，就在无声无息中悄然退下；

它是一个愚人所讲的故事，充满着喧哗和骚动，

却找不到一点意义。"

然而，福克纳当然了解并认可，任何一张地图都不仅仅是一个真实地方的图形写照，也不仅是一个现实的旅游导览，它还是一个隐喻。不管多么栩栩如生，每一张地图就像我们熟悉的墨卡托投影，都是对真实性的一种扭曲，对现实的一种置换，对秩序与和谐的一种呼唤。当然，这种秩序与和谐最终只会存在于制图者的头脑和想象之中。因此，制图学不仅是科学，而且是艺术。

再者，即使一张地图达到了隐喻意义上"真理性"的程度，而不再停留于"真实"，真理也总是短暂的、片面的。所以，地图必须要不断地重新绘制，就像中世纪的地图在发现新大陆之后就被视作过时一样，就像星象图在望远镜发明出来之后就要更改一样。就此来说，地图也总是需要置于一个更广阔的背景之中去理解。地图有边界，但现实和意义则没有。地图连县成州，连州成国，连国成为大陆，连大陆成为半球和世界，如此一来直达宇宙。

基于上述所有的考察，有理由相信福克纳的约克纳帕塔法县地图为《押沙龙，押沙龙！》画上了一个合适的句号。

正如地图混合了"真实"信息与隐喻，这部小说也将现实性融合于艺术之中。这幅地图上蜿蜒曲折的道路、河流和铁路都走向孟菲斯、莫特森并最终"从杰斐逊镇走向世界"。这是福克纳在《小镇》中的断言，暗示了超脱于约克纳帕塔法的地理学。这部小说则把地方性的断代史与普遍性的永恒神话联系起来。福克纳的地图与任何一张地图一样，最终一定会修订、会重绘。⑤这部小说展示的真理也只能是片面的、相对的，一定会随着新信息的叠加和视角的不断切换而发生改变。

就其艺术性来看，福克纳的约克纳帕塔法地图等同于历史化的"萨特潘百里地"，均系作家为在混沌中寻找秩序与意义而进行宏大"设计"的结果。萨特潘的设计，早已被福克纳视作一部有严重瑕疵的人类史，注定要失败，但是福克纳自己的设计则最终升华为伟大的艺术，永恒不朽。在福克纳虚构的历史化地图上，"萨特潘百里地"只是一个微小而有限的圆圈，始于此亦终于此；然而，福克纳真实的地图，那张描绘了神话般的"密西西比州约克纳帕塔法县杰斐逊镇"的地图上，"萨特潘百里地"则存活了下来，并将一直延续下去，成为艺术救赎力量的恒久象征。如同标题与小说本身相辅相成，福克纳的地图也是小说不可分割的一部分。它既支撑又赞颂了艺术家征服时间与死亡的能力，靠的就是这样一件艺术品。它会持续"很长一段时间，很长很长一段时间，久于万物"。

① 本文原载于1993年福克纳年会论文集《福克纳与艺术家》（密西西比大学出版社1996年出版）第269至293页。

② 到写作《大宅》（1959）正文之前的小序时，福克纳已经发现了一个令人愉悦的矛盾修辞，用以表达他所认为的生活与艺术之间的理想关系。那篇序言中，福克纳将其一生中的全部作品视作创造"鲜活文学"的一次尝试。他解释说："因为鲜活意味着运动瞬间，而运动瞬间即是变化与变更，因此运动瞬间的唯一对照物就是非运动、静止或死亡。这部持续三十四年之久的特殊编年史中出现前后不一甚至矛盾之处也就在所难免了。"这个论断不应该仅仅看作是为斯诺普斯三部曲的后两部小说里出现的年代错误（例如亚伯纳·斯诺普斯的年龄）开脱，它也是福克纳创作理念的另一种表达。福克纳认为伟大的文学作品既要优越于真实生命进程，又会与之媾合。斯诺普斯三部曲中的不一致，在福克纳看来，是"出于如下事实，即作者相信他已经对人类心灵及其困境了解更多，不同于三十四年之前。他因而确信，既然与他们相处了如此漫长的一段时间，对于这部编年史中的人物，他比过去了解得更为深刻"。换句话说，斯诺普斯三部曲的复杂性和矛盾性源于福克纳忠实于自我不断变换的对人类境况的见解。尽管如此，福克纳总是辩称，不管逼真度如何，最终艺术还是艺术，并非生活。"鲜活文学"因而就是一种悖论性的文学观，寻求的是忠实于艺术即生活、艺术即艺术的原则。

③ 奥斯瓦尔德·斯宾格勒关于历史哲学的里程碑式著作《西方的没落》是二十世纪最具影响力的著作之一，1918至1923年之间以德语出版，1926至1928年翻译成英语。斯宾格勒的观点对一大批美国作家产生了深远影响，包括艾略特、海明威、菲茨杰拉德和福克纳。

④ 由此看来，福克纳的人物原型中很重要的一点是恶意显然同时指向了仆人和主人，小男孩立在大宅门外的场景最早出现于早期一篇未发表的故事《大人物》中。不同于《押沙龙，押沙龙！》的含蓄笔法，福克纳当时的描述明确表现了白人与黑人之间的文化对垒："一个黑人家仆走到主人身后的门边，昏暗之中只露出白眼球，马丁的家人与同族从未见过一个共和党人和天主教徒，可能认为这两类人神秘，令人恐惧，就像十五世纪的欧洲农民被教导以同样的方式看待民主党人和新教徒一样。他们对黑奴的反感是直来直去而且确定无疑的，同时出于宗教、政治和经济的原因：这三种强大的内心动力——本来成片的贫瘠土地在蛊惑人心的政客和宗教狂热者的不断游说之后被分割成若干小块——导致人们陷入贫瘠不堪的生活境地。你看，这就是那种神秘的合法性，要求比某个地方的某个人更加优越。"

⑤ 福克纳于 1945 年重绘了这张地图，次年收录于考利编纂的《便携福克纳读本》
　　中。

致 谢

  我要感谢向密西西比大学出版社推荐我做这个项目的安·阿巴迪,同时也感谢出版社负责人利拉·索尔兹伯里邀请我写这本书。他们两位在我写作的整个过程中均给予了莫大的帮助。

  我对福克纳作品最初的研究和赏析是在两位杰出教授的指导下进行的,他们都是著名的福克纳学者:一位是托马斯·丹尼尔·杨,在他的德尔塔州立大学南方文学课上,我第一次阅读了福克纳的作品;另一位是我在密西西比大学的研究生导师皮尔金顿博士,他指导了我研究福克纳作品的硕士论文和博士论文,在此过程中成为我终生的良师益友。

  三十六年来我最亲爱的朋友路易斯·丹尼尔·布罗德斯基新近刚刚过世。他不仅为我提供了独一无二的机会去参与整理他收藏的大量威廉·福克纳资料,而且教会了我除了慷慨、忠诚、友谊和我们共同爱好的诗歌之外更多的东西。

  我还要感谢"福克纳教学"模块的各位老师:吉姆·卡罗瑟斯、查尔斯·皮克、阿莉·赫伦、特蕾莎·唐纳和特雷尔·特贝茨。他们在密西西比大学举行的"福克纳与约克纳帕塔法"年会上给予了我莫大的帮助。我再也找不到比他们更令人愉快的同伴来探讨福克纳了。

安·阿巴迪和查尔斯·皮克阅读了这本书的手稿,提出了许多宝贵的意见和建议。

多年来,我所在的东南密苏里州立大学为我的福克纳研究和教学提供了慷慨且不间断的支持,还授予我一个至高无上的荣誉——福克纳研究中心创始主任。

我向妻子凯伊致以最深挚的感谢,她的耐心、理解、鼓励和爱是我坚持事业的精神支柱。

福克纳的笔名（代译后记）

　　作家使用笔名出版作品，在维多利亚时代的英国是个十分普遍的现象，尤其是在女作家中间。例如，我们熟知的勃朗特三姐妹，《简·爱》初版时的署名为"科勒·贝尔"；玛丽·安·埃文斯则一直使用男性笔名"乔治·爱略特"发表小说。美国批评家肖瓦尔特在《她们自己的文学》中指出，笔名的使用有助于初涉文坛的女作家屏蔽偏见，充分利用公共资源，她们的不朽创作开启了英国女性文学创作的新纪元。然而，二十世纪的美国大作家威廉·福克纳又为何如此看重笔名呢？

　　笔名掩盖的是人的真实身份。对于福克纳而言，青年时期已经有过一次改名风波。当时是第一次世界大战后期，这位年轻气盛的南方小伙子一直梦想着成为一名战斗机驾驶员，但美国空军却以他身材矮小为由拒绝了他。福克纳后来转投英国皇家空军加拿大分校，这次幸运地通过了。不过，报名入伍时他在姓氏中添加了一个英文字母 u，由原来的法克纳（Falkner）正式变成了福克纳（Faulkner），或许期望以此来改头换面吧。他不仅改了姓名，还模仿英国腔说话，把自己佯装成一个地道的英国人。此外，他伪造了一系列个人文件，说自己是耶鲁在校生，出生证上写的生日比真实生日晚八个

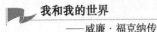
月,还有一份虚假的牧师推荐信。他伪造身份不假,可毕竟圆了飞行梦;但造化弄人,没等他飞上战场,第一次世界大战就结束了,他不得不接受复员回家的命运。

然而,这次从军经历至少为世界留下了一个真实的福克纳,也让他拥有了吹嘘自己曾在欧洲空战中英勇杀敌的资本。1918 年 12 月,回到家乡的福克纳一身戎装,胸佩勋章,手里拄着一根英式短手杖,走路一瘸一拐,逢人便说这是在法国空战中受的伤。很快人们就发现了前后不一之处,他的伤有时说是在腿上,有时说是在脑袋里,至今还有弹片没取出来呢!但是,这些雷人的言辞后来被戳破了,福克纳只不过是在多伦多飞行员训练学校为队友起飞前转一转飞机螺旋桨,自己根本就没有飞上过蓝天。因为自己当年说下的大话,福克纳成名之后没少费工夫去圆谎。当然,这也是一种"才华横溢"的表现,甚至能够骗过他的好莱坞情人梅塔·卡朋特。梅塔 1976 年出版的回忆录《恋爱中的绅士》中依然记载着福克纳征战一战沙场的经历。

然而,这种善意的谎言大大激发了福克纳后来文学创作的灵感与才华。他同为作家的弟弟约翰说:"作家们总是喜欢生活在想象之中,容易扮演自己不是的角色,我的哥哥最擅长此事。"虽然前三部小说不尽如人意,然而自《喧哗与骚动》开始,福克纳利用短短八年的时间陆续创作出版了《我弥留之际》《圣殿》《这十三篇》《八月之光》《绿枝》《马丁诺医生》《标塔》和《押沙龙,押沙龙!》共八部小说、诗集以及短篇故事集。到 1936 年时,年仅三十九岁的福克纳已经蜕变为著作等身的作家,完全有资格出版一套个人作品集了。尤其是在《押沙龙,押沙龙!》这一部小说中,福克纳为自己脑海中营建的约克纳帕塔法县亲手绘制了一幅地图,宣称自己就是"唯一拥有者"!正是在这样的背景之下,"欧内斯特·韦·特鲁布拉德全集"应运而生了。

1937年6月,在加州一次酒会上,福克纳为宾客朗诵了据称是一位名为"欧内斯特·韦·特鲁布拉德"的年轻作家创作的短篇故事,主角即是福克纳本人。作品讲述了福克纳奋勇救牛的一段经历:当时福克纳几个年幼的侄子在牧场玩火,结果引燃了牲口棚,情急之下作家不顾个人安危冲了进去;但是,或许是害怕弥漫的浓烟,有一头倔牛坚决不肯逃出去,反而喷了福克纳一身粪便。大火最终被闻讯赶来的家人和四邻扑灭了,主人公也成就了这段尴尬的"佳话"!当福克纳声情并茂地将这篇故事读完,急切地问三位宾客是否觉得好玩时,其中两位不假思索地予以否认,只有来自法国的库安德娄看出了个中的玄机,识趣地默笑起来。这位福克纳小说的忠实译者当时正在翻译《喧哗与骚动》,为了求证细节,专程来拜访作家。宴会之后,福克纳异常欣喜地把这篇标题为《母牛的午后》的故事打印稿赠送给库安德娄,并且用法语签写了一句话:"谨以此纪念这位勇敢的特鲁布拉德。"这里的"勇敢"充满玄机,因为原故事是由"特鲁布拉德"用第一人称讲述的,他的叙事"勇敢"记录了福克纳的"勇敢"经历,可以推断出作者、叙述者与故事人物的三位一体。

当然,"特鲁布拉德"笔下的福克纳遭遇不快,也是那个时期作家生活境况的一种反映。首先是家庭的不菲开支。1933年,福克纳花重金买下一架韦科双翼飞机,重圆飞行梦,但恶果也随后到来。弟弟迪恩驾驶这架飞机失事,让福克纳

深受心理自责的同时,也背上了救济迪恩寡妻遗腹子的重担。妻子埃斯特尔追求虚荣,花销无度,甚至福克纳一度被迫登报声明,拒绝为妻子欠下的高额债务负责。1937年夏,妻子带领女儿到加州度假,看望正在好莱坞创作电影剧本的福克纳。本应是家人团聚的时刻,福克纳并不高兴,因为他与梅塔的婚外情被妻子发觉,甚至被她抓伤了脸,两人的隔阂越来越深了。这也许是福克纳在梅塔面前许诺离婚之后立即娶她的原因吧!当然,这个许诺从未实现,福克纳戴着面具游走在妻子和情人之间,继续着自己双面的人生。

也许,忧伤的代名词就是蓝色,福克纳在笔名中使用Trueblood这个词并非无源之水。它的英文字面义为"真正之血",用于描述奋勇救牛的虚构人物福克纳正合适,体现了他性格中勇毅的一面。或许它模仿了另一个英文单词trueblue(义为"忠诚"),暗含特鲁布拉德具有高贵血统之义。查询姓名词典得知,特鲁布拉德是个很少见的姓氏,有据可查的人物有两个。一位是美国和平主义者本杰明·富兰克林·特鲁布拉德(1847—1916),这位出生于印第安纳州的典型乐观主义者,相信世界和平通过国家法和国家仲裁必将能够实现,另一位为大卫·特鲁布拉德(1900—1994),是毕业于哈佛大学的贵格会学者,后来做过美国新闻署宗教新闻处主任。从福克纳的生平传记来看,他与这两位人物生命中并无交集,也并不存在刻意嘲讽之意。

无论如何,福克纳通过朗诵故事这一件事,在库安德娄这里觅得了知音。两人临别之时,福克纳再次签送了自己的小说《押沙龙,押沙龙!》,十分幽默地对库安德娄说:"这样你就拥有了欧内斯特·韦·特鲁布拉德全集了。"一篇故事加上一部小说即是"全集",这样的说法暗含了作家对《押沙龙,押沙龙!》这部小说的极高认可,对自己的名字能够再次(第一次出现是在小说《蚊群》中)进入虚构作品表现出极大的欣慰,也显示了作家言谈之中高超的自我解嘲术。这个短篇故事后来由库安德娄翻译成法语,1943 年 7 月发表于阿尔及利亚一家名为《幸运》的杂志上,而英语原文则刊登于 1947 年《威力》夏季号上。

这位"特鲁布拉德"先生再次出现是在福克纳移居弗吉尼亚州的夏洛茨维尔市之后。1957 年 2 月,为了照顾自己的小外孙,福克纳出任弗吉尼亚大学的驻校作家,第一次公开见面会上便语惊四座:"我喜欢弗吉尼亚州,也喜欢这里的人,因为弗吉尼亚人都很势利,而我也喜欢势利小人。这种人不得不花很多时间做势利小人,以至于几乎没时间过问别人的事,所以在这里我生活得很愉快。"这样的开篇并不意外,因为远在他的家乡密西西比奥克斯福镇,人们正利用这位著名作家的个人声誉来换取金钱,包括曾经的文学引路人菲尔·斯通,他竟然把福克纳早年赠送的很多书籍和器物出售给了得克萨斯大学。更有甚者,一位姓布朗的邻居也出人意料地将福克纳在二十年代手绘的小册子《许愿树》悄悄拿去出版了,而这个册子是作家当时送给这个家庭中一个弥留之际小姑娘的礼物。

福克纳曾经将隐私权看得高于一切,因而会多次拒绝不止一家的期刊记者撰写有关他生平事迹的文章,但是此种努力并未善终。1955 年 7 月号的《哈珀斯》杂志上,福克纳发表了一篇名为《论隐私权》的文章,痛陈隐私的重要性以及失去之后的可怕后果。他自称属于"不愿意让自己的名字和画像无偿地出现在印刷物上"的少数派,毕竟姓名之类的隐私并非"可供销售的商品","失去隐私权,一个人都不能算是

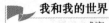
人！"他如此看重隐私，也就意味着"特鲁布拉德"这个笔名在掩饰作家真实身份方面对于福克纳的极端重要性。

为期两年的驻校作家经历给福克纳提供了走进大学课堂、面向青年学生阐释个人小说的机会，也让他有机会结识了两位二战老兵——格温和布罗特纳。格温是轰炸机飞行员，而布罗特纳则是一位投弹手。早在《押沙龙，押沙龙！》中，福克纳便借一位人物之口，表达了"谁都不想错过任何一场战争"的感慨，显然他一生中的一大憾事就是没有真正走上战场。面对参战老兵时他的敬意油然而生。很快，福克纳就与这两位大学教授打成一片。格温的办公室变成了"中队室"，三人经常聚在一起喝咖啡、聊天、讲故事。后来，福克纳为这个"空军中队"设计制作了一块铭匾，任命格温为咖啡供应官、布罗特纳做杯子养护官，他自己则是首席谈话官兼任威士忌联络官。这块铭匾上签署的，正是"欧内斯特·韦·特鲁布拉德"的名讳。后来，"中队"里的两位成员均为福克纳在世界各地的研究与传播作出了巨大贡献：格温和布罗特纳先是在 1959 年联合出版了《福克纳在大学》，布罗特纳还在1974 年完成了两卷本巨著《福克纳传》，到目前为止无人企及。

"特鲁布拉德"最后一次公开露面是在福克纳最后一部小说《掠夺者》出版之前。年过花甲的作家依然幽默，写作过程中会把部分章节寄给好友布罗特纳阅读。他在一封信中写道："这一次我要亲自为新书设计腰封，还要引用捏造的书评里的一段话：'重要声明——本书即将成为西方世界中个人自由意志和首创精神的《圣经》。据密西西比州《奥克斯福鹰报》欧内斯特·韦·特鲁布拉德。'"由此可见，福克纳笔名的拥有者不再是一位年轻作家，而幻化成为家乡一家小报的文字编辑。表面看来,福克纳是为自己的新书造势,洋洋得意于其中诙谐幽默的风格。换个角度看,这又何尝不是在自我调侃呢!毕竟,这个笔名已经陪伴作家走过大半个人生,也许是对福克纳所极其看重的隐私权保护堪忧的现状的一种冷嘲热讽吧。笔名恰好是一个再合适不过的道具!

从1934年福克纳的作品初入中国开始,他的名字就一直为学人熟知,为读者称道。赵家璧、李文俊、陶洁、蓝仁哲等著名翻译家和学者为福克纳的作品在中国的传播作出了巨大贡献,为莫言、余华、赵玫等文学家提供了宝贵的他山之石。在福克纳的文学作品翻译之外,还存在一个未被完全开发的领地,即传记翻译。我国引进的第一本福克纳传记是大卫·敏特的版本,由三联书店(1991)和知识出版社(1994)先后以《圣殿中的情网》和《骚动的一生》为名出版,译者分别是赵扬和顾连理。进入新世纪之后,姚乃强翻译了弗雷德里克·霍夫曼的《威廉·福克纳》(春风文艺出版社,2000),敏特的传记也于同年迎来了第三个译本《威廉·福克纳传》(张志军译,中共中央党校出版社)。此后吴海云翻译了杰伊·帕西尼的《福克纳传》(中信出版社,2007),陈永国等翻译了弗里德里克·卡尔的《福克纳传》(商务印书馆,2007),方柏林翻译了爱德维娜·彭达维斯的《南国故事》(上海外语教育出版社,2009),王东兴翻译了丹尼尔·辛格的《威廉·福克纳:成为一个现代主义者》(黑龙江教育出版社,2015),晏向阳翻译了菲利普·韦恩斯坦的《成为福克纳》(南京大学出版社,2018)。罗伯特·韩布林这本传记文字浅显易懂,语言幽默生动,与上述传记的一个最大不同之处在于,它面向的是大众读者,在作家生平和作品评介之间实现了良好的平衡。如果说还有一个特别的地方,莫过于它是基于一位收藏家的

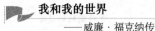

第一手资料写作完成的，尤其是福克纳后期在电影剧本创作与改编上的文献资料，部分是首次公开出版。

我有幸在这个收藏中心做了一年时间的访问学者，结识了两位学识渊博的福克纳研究专家。克里斯托弗·瑞格博士是我的外方导师，在学习和生活的方方面面给予了我无私的帮助，还为我提供了专门的办公室，允许我使用各种文献，帮助解答我遇到的任何问题。前任主任罗伯特·韩布林教授虽已退休，依然十分关注中心的日常事务，多次与我会面谈福克纳，不仅把新书签送给我，还慷慨授权我翻译出版这本《我和我的世界——威廉·福克纳传》。封面图片来自研究中心墙壁上的一幅壁画，特别感谢创作者格兰特·伦德博士和特藏管理员罗克珊娜·丹恩，他们的授权使用为我的译本极大地增光添彩。

密西西比大学出版社的辛西娅·福斯特和丽莎·迈克莫特雷两位女士热情相助，不厌其烦地回复我邮件中提出的问题，顺利促成了本书的版权引进。中国海洋大学出版社的邵成军是我的学长，多年来一直关心、鼓励我多出成果，没有他的鼎力协助，这本书的出版是万万不可能的。该书翻译过程中，我的三届翻译硕士研究生都付出了很多劳动，请允许我给出她们的名字：李之梦、付攀攀、邓贵芳、曲思思、齐杨、刘皓月和张秋旖。我要把最真挚的爱献给爱人和儿子，他们的陪伴和支持是我最坚强的后盾。

最后，我要感谢生命中所有的遇见，是你们让岁月静好、生活安稳！

李方木

2020 年 2 月

于北京